CHRISTINE ÖTTL/GITTE HÄRTER

Schriftliche Bewerbung

Mit Profil zum Erfolg

Inhalt

Der Lebenslauf

1

2

3

4

1 Einleitung

→ Wer auf der Suche nach einem (neuen) Job ist, startet fast immer mit der Zusammenstellung der Bewerbungsunterlagen. Egal ob es sich um die Bewerbung auf eine Stellenanzeige oder um eine Initiativbewerbung, um die traditionelle Bewerbungsmappe oder eine Online-Bewerbung handelt: Die erste Selbstpräsentation beim Unternehmen erfolgt meist schriftlich.

Die Bewerbungsunterlagen

Bitte machen Sie sich bei jeder Bewerbung Folgendes bewusst: Ihre Bewerbungsunterlagen sind das Erste – und vorläufig auch Einzige –, was der zuständige Personalverantwortliche von Ihnen zu sehen bekommt. Das bedeutet, er kann sich nur an dieser schriftlichen Präsentation orientieren, um zu entscheiden, ob Sie in die engere Wahl kommen und zu einem Vorstellungsgespräch eingeladen werden oder nicht. Mit optisch und inhaltlich gelungenen Bewerbungsunterlagen sind Ihre Chancen, Interesse zu wecken und nicht in der Masse unterzugehen, deutlich höher.

Natürlich ist das »eigentlich« klar und doch tun sich viele Bewerber genau damit schwer – weil sie meistens nicht wissen, wie sie ihren Bewerbungsunterlagen »Leben« einhauchen können, zu wenig auf die oft entscheidenden Details achten oder sich zu sehr an gängigen Mustern orientieren. Leider sehen die meisten Bewerbungsunterlagen deshalb auch ziemlich gleich aus und verbergen die Person, die dahinter steht, oft mehr, als sie sie greifbar machen und in ein gutes Licht rücken.

Der erste Eindruck ist entscheidend, das gilt auch für Bewerbungsunterlagen. Denn man schließt von Ihrer schriftlichen Selbstpräsentation nicht nur auf Ihre fachlichen, sondern auch auf Ihre persönlichen Kompetenzen, also auf Ihre gesamte Persönlichkeit. Und das betrifft nicht nur das, was Sie schreiben beziehungsweise unter den Tisch fallen lassen, sondern die gesamte Aufmachung Ihrer Unterlagen.

Deshalb sollte Ihre Bewerbungsmappe Sie immer »würdig vertreten« und den Empfänger davon überzeugen, dass es sich lohnt, Sie näher kennen zu lernen.

Das Wichtigste: Profil und Sinn für Details zeigen!

Bitte versetzen Sie sich einmal in die Lage des Personalentscheiders: Sie haben zig, vielleicht sogar mehrere hundert Bewerbungen vor sich liegen, aus denen Sie 10 oder 20 auswählen sollen – und das möglichst schnell. Bestimmt können Sie jetzt besser nachvollziehen, warum es so wichtig ist, sorgfältig zusammengestellte, optisch attraktive und inhaltlich interessante Unterlagen zu haben.

Achten Sie dabei immer auf Lesefreundlichkeit und vermeiden Sie unbedingt, dass sich der Empfänger die gewünschten Informationen selbst zusammensuchen beziehungsweise zwischen den Zeilen lesen muss, denn das kann oft schon das sichere Aus bedeuten, egal wie qualifiziert Sie sind. Ein guter Bewerber übernimmt die volle Verantwortung für seine Eigenpräsentation und setzt Schwerpunkte, zeigt Zusammenhänge auf und führt aktiv Argumente für seine persönliche und fachliche Qualifikation an.

Bitte verlassen Sie sich auch nicht darauf, dass Ihre Zeugnisse gut sind und der Empfänger schon erkennen wird, was Sie alles auf dem Kasten haben. Es gibt keine Garantie dafür, dass der Personalentscheider sich tatsächlich intensiv mit den Zeugnissen auseinander setzen wird. Vergeben Sie also keine Chancen, sondern beweisen Sie durch Ihren gesamten »Auftritt«, dass es sich lohnt, Sie in die engere Wahl zu ziehen.

Schneiden Sie Ihre gesamten Bewerbungsunterlagen auf die ausgeschriebene Stelle zu (beziehungsweise die Position/Aufgabe im Allgemeinen, wenn Sie sich initiativ bewerben) und nutzen Sie alle Bestandteile der Mappe, um sich vorteilhaft und aussagekräftig zu präsentieren.

Der Bewerbungsprozess

Die meisten Bewerber haben nur eine sehr vage Vorstellung davon, wie der Bewerbungsprozess in einem Unternehmen organisiert ist, beziehungsweise machen sich kaum Gedanken darüber. Der typische Ablauf eines Bewerbungsprozesses sieht in etwa so aus:

- Die eingehenden Bewerbungen werden an die zuständige Person/Abteilung weitergeleitet. Sofern die Bewerbung über einen Headhunter/eine Personalvermittlung läuft, wird die erste Vorauswahl dort getroffen.
- In einem ersten Durchgang werden die Kandidaten aufgrund bestimmter Auswahlkriterien in Kategorien wie »sehr interessant«, »interessant« und »nicht interessant« vorsortiert. Die als »nicht interessant« eingestuften Bewerbungen gehen meist unmittelbar an die Absender zurück. Sind sehr viele Bewerbungen eingegangen, werden möglicherweise auch nur die sehr interessanten Unterlagen zur weiteren Prüfung einbehalten.
- Nach einer zweiten, genaueren Durchsicht wird entschieden, welche Bewerber kontaktiert und zu einem Gespräch eingeladen werden. Ein Teil der Bewerbungen wird eventuell als »Reserve« zurückbehalten, für den Fall, dass der/die Richtige bei den Gesprächen doch nicht dabei ist beziehungsweise es aus irgendwelchen Gründen nicht zum Vertrags-

TIPP

Wichtig

- Es kommt vor, dass Personalentscheider einen Bewerber für eine andere als die aktuelle Stelle interessant finden und deshalb die Unterlagen weiterreichen beziehungsweise für einen späteren Zeitpunkt behalten möchten.

abschluss kommt. Häufig, aber nicht immer, verschicken die Unternehmen Zwischenbescheide an die Bewerber, die »in Wartestellung« sind.

- Die Gespräche mit den Top-Kandidaten werden durchgeführt.
- Häufig gibt es mit den Kandidaten, die im ersten Gespräch positiv aufgefallen sind, eine zweite Gesprächsrunde, manchmal sogar mehrere.
- Außerdem kann es sein, dass Tests oder ein Assessment Center durchgeführt werden, bei dem die Bewerber bestimmte Aufgaben – alleine und in der Gruppe – lösen müssen.
- Kommt es zu keinem Vertragsabschluss, gibt es einen weiteren Durchgang, in dem die einbehaltenen Unterlagen noch einmal geprüft und neue Kandidaten eingeladen werden.
- In manchen Firmen werden Bewerber, die in die ganz enge Wahl gekommen sind, zu Probetagen eingeladen. Sinn und Zweck ist, sowohl dem Bewerber als auch dem Unternehmen Klarheit zu verschaffen, ob man zueinander passt und miteinander arbeiten möchte.
- Am Ende dieses Prozesses steht der Vertragsabschluss.

Wie läuft der Auswahlprozess ab?

Konzentrieren Sie sich auf eine überzeugende und aussagekräftige schriftliche Eigenpräsentation

Wie die Auswahl der potenziellen neuen Mitarbeiter in der Praxis abläuft und wie viele Leute an der Entscheidung beteiligt sind, hängt natürlich vom jeweiligen Unternehmen ab. Es gibt alles: vom kleinen Unternehmen, in dem der Chef selbst und im Alleingang die Auswahl trifft, bis hin zum internationalen Konzern, wo die Personalabteilung gemeinsam mit der Fachabteilung bestimmt, wer in die engere Wahl kommt und schließlich eingestellt wird. Daher gibt es auch keine allgemein gültigen Kriterien, die bei »den Personalern«, »allen Firmen« und generell »gut ankommen«.

Insofern nützen Spekulationen à la »Kommt es gut an, wenn ich xy mache?«, »Legt ein Personaler großen Wert auf z?« nicht viel. In dem einen Unternehmen geht man konservativer vor und achtet beispielsweise verstärkt auf Abschlüsse, lückenlose und geradlinige Lebensläufe sowie Zeugnisse. In einer anderen Firma sieht man über Formelles eher hinweg und stellt die Persönlichkeit des Bewerbers in den Mittelpunkt.

Wie lange dauert der Auswahlprozess?

Grundsätzlich ist es sicherlich so, dass Unternehmen freie Stellen schnell (wieder) besetzen wollen und den Bewerbungsprozess deshalb möglichst zügig abwickeln. Wie lange es im Einzelfall dauert, bis die Bewerber eine Rückmeldung erhalten, ist unterschiedlich und hängt davon ab, wie gut der Bewerbungsprozess im jeweiligen Unternehmen strukturiert und organisiert ist. Und natürlich auch davon, ob die Firma eine ganze Bewerbungsflut oder nur ein paar wenige Mappen auf den Tisch bekommt.

Es kann sein, dass Sie schon nach wenigen Tagen vom Unternehmen hören – zum Beispiel einen Zwischenbescheid bekommen, dass Ihre Unterlagen eingegangen sind und der Auswahlprozess dauern wird, Sie zu einem Gespräch eingeladen werden oder eine Absage erhalten, erst nach einigen Wochen darüber informiert werden, dass das Unternehmen Ihre Unterlagen gerne noch behalten möchte, oder längere Zeit überhaupt nichts hören.

Generell können Sie jedoch davon ausgehen, dass Unternehmen nach Ausschreibung der freien Position in der Regel ein bis zwei Wochen lang Bewerbungen annehmen und dann erst so richtig in Aktion treten, das heißt eine Auswahl treffen.

Darf man nachfragen, wann und wie?

Natürlich ist es verständlich, dass Sie auf glühenden Kohlen sitzen und bald Bescheid bekommen möchten, wie die Sache für Sie aussieht. Die Informationen über die Unternehmensseite weiter oben helfen Ihnen nachzuvollziehen, warum sich die Abwicklung des Bewerbungsprozesses hinziehen kann. Wenn Sie nach zwei bis drei Wochen nichts vom Unternehmen gehört haben, bedeutet das noch gar nichts – weder dass Sie mit Sicherheit aus dem Rennen sind noch dass Sie besonders gute Karten haben.

Wenn Sie nach drei bis vier Wochen gar nichts vom Unternehmen hören, also auch keinen Zwischenbescheid bekommen, dann können Sie bedenkenlos aktiv werden und nachfragen, wie der Stand der Dinge ist. Bitte unterstellen Sie nicht, dass man sich aus Nachlässigkeit oder böser Absicht nicht bei Ihnen gemeldet hat. Genauso wenig hilfreich ist der Gedanke, wie schlecht »die« organisiert sein müssen und welche »Frechheit« das ist, dass sie es so lange nicht auf die Reihe bekommen, sich bei ihren Bewerbern zu melden. Natürlich ist Ihre Ungeduld verständlich (und natürlich ist es auch kein feiner Zug von Unternehmen, sich so lange Zeit zu lassen) – aber diese negative Einstellung bewirkt nur, dass Sie ungehalten und genervt sind.

Lassen Sie sich nicht entmutigen oder gar abschrecken, falls ein Personalentscheider unfreundlich reagiert oder sich Nachfragen gar verbittet. Ein guter Personaler freut sich über aktive Bewerber und steht Ihnen für weitere Fragen gerne zur Verfügung. Achten Sie, wie gesagt, nur darauf, dass ein angemessener Zeitraum verstrichen ist, bevor Sie nachhaken, damit das Unternehmen überhaupt die Gelegenheit hatte, alle Bewerbungen durchzusehen. Wenn Sie telefonisch nachfragen, ist außerdem wichtig:

→ Geben Sie dem Empfänger ausreichend Gelegenheit, sich zu orientieren. (Nennen Sie Ihren Namen deutlich und sagen Sie

TIPP

Der Ton macht die Musik!

→ Rufen Sie den richtigen Ansprechpartner an, sagen Sie, wer Sie sind und um welche Bewerbung es konkret geht. Seien Sie offen und freundlich und fragen Sie nach, wie die Sache für Sie steht und bis wann Sie voraussichtlich mit einer Rückmeldung rechnen können.

konkret, auf welche Stelle Sie sich genau beworben haben – denn gerade in Personalabteilungen laufen meist mehrere Bewerbungsprozesse parallel ab.)

- Achten Sie auf Ihre Formulierung! Wer negativ formuliert – »Ich habe nichts gehört, bestimmt ist die Stelle schon besetzt, oder?« –, am Telefon ungeduldig, vorwurfsvoll oder sehr unsicher wirkt, wird einen negativen Eindruck hinterlassen und sich selbst Steine in den Weg legen.
- Überlegen Sie sich, bevor Sie zum Hörer greifen, ob Sie außerdem noch Fragen zur Position beziehungsweise zum Unternehmen haben, die Sie bei dieser Gelegenheit auch gleich stellen möchten.

Wenn die Bewerbung nicht zurückkommt

Ja, es kann passieren, dass etliche Wochen ins Land gehen und Sie vergeblich auf Ihre Bewerbungsunterlagen warten. Vielleicht haben Sie das Unternehmen bereits kontaktiert und die Auskunft bekommen, dass Sie nicht in der engeren Wahl sind und Ihre Mappe bald zurückerhalten werden. Geben Sie sich einen Ruck und werden Sie ein weiteres Mal aktiv: Rufen Sie im Unternehmen an, erwähnen Sie Ihren ersten Anruf und bitten Sie nochmals darum, Ihnen Ihre Unterlagen zurückzuschicken. Wenn Sie davon ausgehen, dass es sich um ein Versehen handelt (anstatt um Schlamperei oder gar um böse Absicht), tun Sie sich selbst und Ihrem Gesprächspartner einen Gefallen – und erhöhen die Chance, dass die Sache schnell und gerne in Ihrem Sinne erledigt wird. Selbst im recht unwahrscheinlichen Fall, dass Sie Ihre Mappe trotz zwei- oder mehrfachen Nachhakens nicht zurückbekommen sollten, tun Sie sich selbst einen Gefallen, wenn Sie die Sache nicht zu ernst nehmen. Es ist besser, Ihre Energie für die anderen Bewerbungsmappen einzusetzen, als sie zu verschwenden, indem Sie sich immer wieder über das Unternehmen ärgern.

Ja, bewerben verbraucht ganz schön viele Ressourcen: Fotos, Mappen, Kuverts, Versand – von Ihrer Energie gar nicht zu sprechen. Und natürlich ist es nicht nur ärgerlich, sondern auch eine Kostenfrage, wenn man eine Bewerbungsmappe nicht zurückbekommt. Aber bewahren Sie dabei ein gesundes Augenmaß: Wer ewig anruft und schreibt oder gar mit rechtlichen Schritten droht (alles schon dagewesen), der hält nur seinen Ärger am Kochen und verbraucht weitere Zeit und Energie.

Apropos Geld: Sammeln Sie alle Belege und Quittungen, die etwas mit Ihrer Bewerbung zu tun haben (Mappen, Papier, Fotos, Kuverts, Briefmarken und so weiter). Je nach persönlicher Situation können Sie diese beim Arbeitsamt einreichen beziehungsweise auf jeden Fall in Ihrer Steuererklärung anführen.

Wenn die Firma die Bewerbung behalten will

Es kann passieren, dass Sie zwar für die aktuell zu besetzende Stelle nicht in die engere Bewerberauswahl kommen, aber das Unternehmen Ihre Unterlagen trotzdem gerne behalten möchte. Dahinter steht in der Regel Folgendes:

- Für die aktuelle Stelle hat ein anderer Bewerber das Rennen gemacht, man hält Sie aber für so interessant, dass man Sie gerne für künftige Positionen berücksichtigen möchte.
- Sie sind interessant für das Unternehmen, weil es expandiert und auch in Zukunft immer wieder neue Leute einstellen wird.
- Man kann sich vorstellen, dass Sie auch für andere Positionen/Aufgaben infrage kommen – und gibt Ihre Unterlagen an die entsprechenden Personen/Abteilungen weiter.
- Sofern die Bewerbung über einen Dienstleister (zum Beispiel Personalvermittler) läuft, kann es sein, dass man Sie generell dort gerne in die Kartei aufnehmen möchte.

Diese Information bekommen Sie entweder schriftlich oder als Auskunft, wenn Sie von sich aus nachhaken, wie es um Ihre Bewerbung bestellt ist. Es ist auf jeden Fall eine gute Nachricht, über die Sie sich freuen sollten. Natürlich dürfen Sie in diesen Fällen jederzeit nachfragen, wann Sie sich wieder beim Unternehmen melden können. So machen Sie nicht nur einen guten und aktiven Eindruck, sondern bauen auch einen persönlichen Kontakt zum Unternehmen auf.

Übrigens: Viele Firmen kopieren oder scannen die Unterlagen und senden die Originalunterlagen an die Bewerber zurück.

→ FAZIT

→ Die schriftlichen Unterlagen sind das, was das Unternehmen Ihrer Wahl als Erstes von Ihnen zu sehen bekommt. Achten Sie darauf, dass sowohl die Details als auch der Gesamteindruck Ihrer Bewerbungsunterlagen stimmen – und dass diese ein positives Licht auf Sie werfen.

→ Schneiden Sie das Anschreiben immer individuell auf die jeweilige Anzeige/das jeweilige Unternehmen zu und sagen Sie, inwiefern Sie ein Gewinn für das Unternehmen wären.

→ Gestalten Sie den Lebenslauf so, dass der Leser sich schnell zurechtfindet und alles Relevante auf einen Blick erkennen kann.

→ Stellen Sie Ihre Unterlagen nicht halbherzig zusammen. Achten Sie darauf, dass Ihre Bewerbungsmappe komplett, fehlerfrei und gut strukturiert ist und auch optisch etwas »hermacht«.

→ Bedenken Sie, dass es auch für die Unternehmen sehr aufwändig ist und viel Arbeit bedeutet, die eingegangenen Bewerbungsunterlagen zu sichten und die vielversprechendsten Kandidaten zu identifizieren.

Die Bewerbungs-mappe

→ Eine komplette Bewerbungsmappe enthält das Anschreiben, den Lebenslauf, ein Foto sowie Zeugnisse, Zertifikate und Nachweise. Optional können auch noch ein Deckblatt, eine »dritte Seite« und ein Tätigkeitsprofil hinzukommen. Sie ist der Kurzbewerbung (Anschreiben und Lebenslauf) vorzuziehen, da der Empfänger sofort möglichst viel über Sie erfahren möchte, ohne weitere Informationen anfordern zu müssen.

Die Wahl der Mappe

Mittlerweile ist das Angebot an Bewerbungsmappen enorm. Farben, Material, Machart, Fassungsvermögen … und nicht zuletzt auch der Preis variieren sehr stark. Aber wofür soll man sich entscheiden? Und ist teuer wirklich auch besser?

Was den Preis angeht, können Sie ganz beruhigt sein: Es ist keineswegs so, dass Sie das Teuerste nehmen müssen. Ob es eine 2-Euro- oder eine 10-Euro-Mappe ist: Entscheidend ist immer der Inhalt! Aber natürlich ist es auch wichtig, nicht am falschen Ende zu sparen. Hier einige Anhaltspunkte, die Ihnen bei der Auswahl helfen können:

Art und Umfang

Damit sind das Fassungsvermögen und die Präsentationsmöglichkeiten der Mappe gemeint. In der weit verbreiteten Klippmappe werden alle Informationen hintereinander geheftet. Mehrfach ausklappbare Kartonmappen erlauben eine differenziertere Eigenpräsentation: etwa dadurch, dass man einen zweiseitigen Lebenslauf nebeneinander legen und so übersichtlicher darstellen kann.

Übrigens können Sie Ihre Mappe auch selbst gestalten. Beispielsweise können Sie Ihre Bewerbung mit einer Plastikspirale binden lassen (etwas teurer, aber dafür auch eleganter ist eine Spirale aus Metall) – oder sich zu diesem Zweck ein eigenes Bindegerät zulegen. Das rechnet sich bei mehreren Bewerbungen schnell.

So unterschiedlich kann Ihre Mappe wirken

Durchsichtige Klippmappe mit Deckblatt/Foto (Hersteller: Durable)

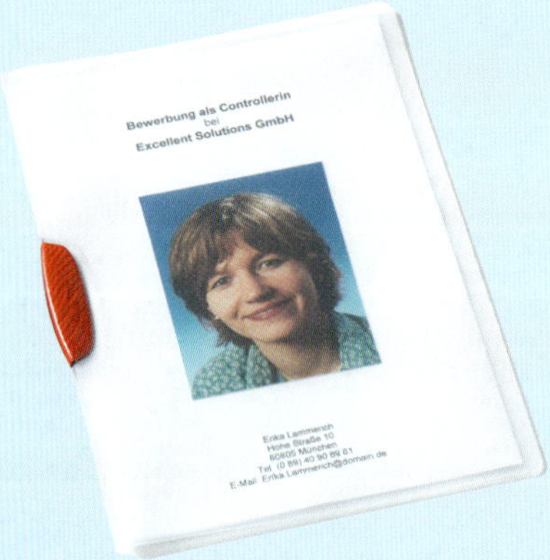

Geschlossene Karton-Klappmappe (Hersteller: BL/bewerbungsmappen.de)

Die selbstgemachte Kartonmappe mit Spiralbindung

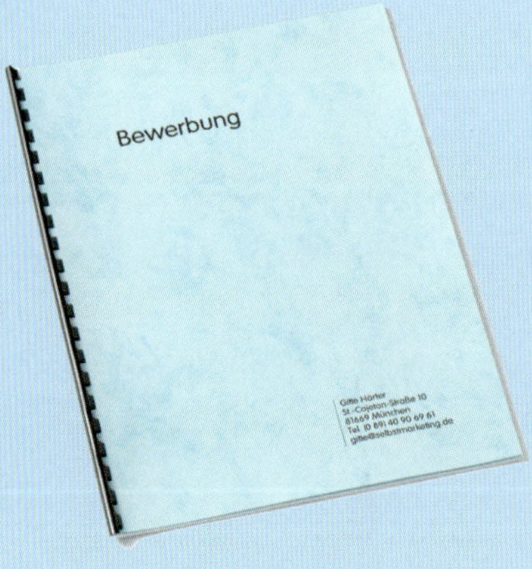

Die farbige Klippmappe mit dem Anschreiben ganz vorne (Hersteller: Durable)

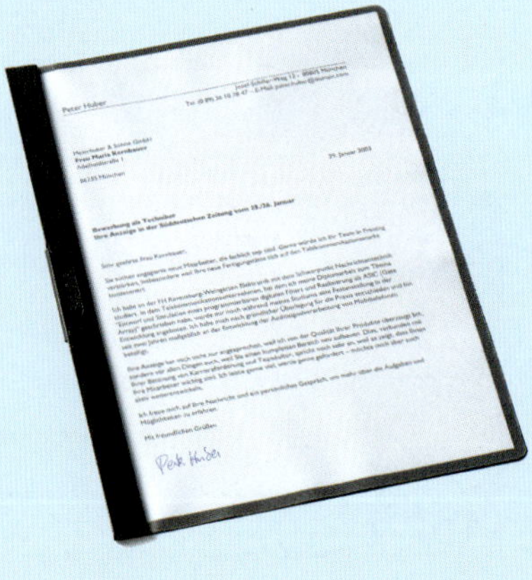

Die aufklappbare Bewerbungsmappe

Die aufklappbare Bewerbungsmappe (BL/bewerbungsmappen.de) mit dem Foto links und Anschreiben rechts.

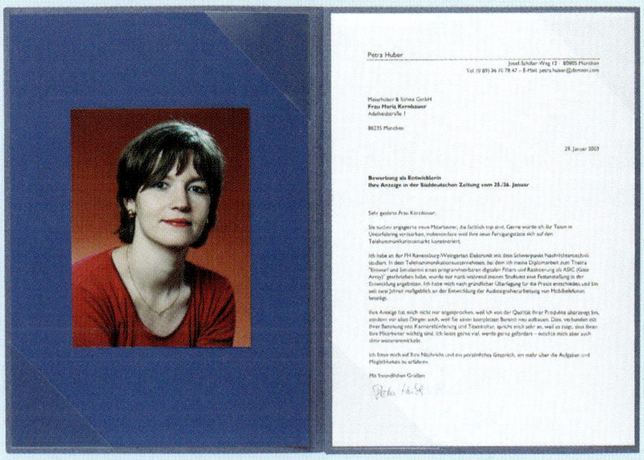

Bei der aufklappbaren Mappe können Sie Ihre Unterlagen lesefreundlich und wirkungsvoll einsortieren. In unserem Beispiel fällt dem Personalentscheider beim ersten Aufklappen bereits das Foto der Bewerberin ins Auge – und das Anschreiben liegt obenauf.

Bei erneutem Aufklappen bleibt das Bild sichtbar – rechts erscheint der Lebenslauf. Zeugnisse und Zertifikate werden in der Mitte einsortiert. Natürlich sind Sie bei der Sortierung völlig frei. Sie können auch – je nach Mappe – das Foto mittig auf einem Deckblatt einordnen. Bei einem zweiseitigen Lebenslauf bietet es sich jedoch an, die erste Seite in der Mitte und die zweite auf der rechten Seite einzuheften.

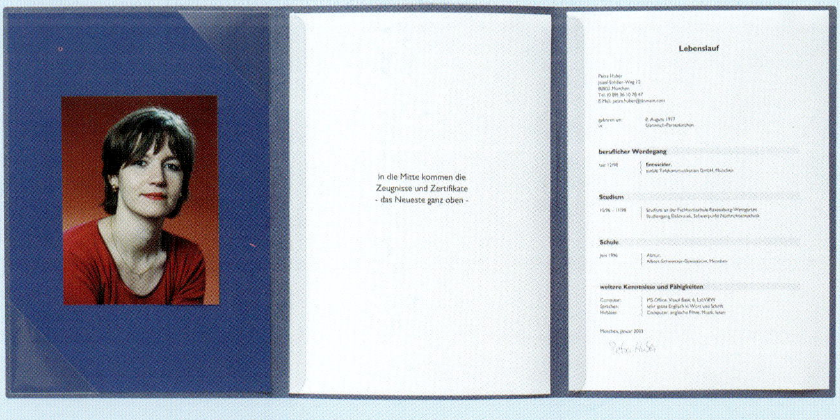

Farbe

Die meisten Bewerbungen sind schwarz, dunkelblau, weiß oder auch grau. Schade ist, dass diese Farben die meisten Bewerbungen auch uniform werden lassen: Alle sehen gleich aus, viel Individualität gibt es nicht. Dabei ist das Angebot auch hier mittlerweile vielfältig. Es gibt Mappen in den verschiedensten Farben: Gelb, Hellrot, Dunkelrot, in verschiedenen Grüntönen, Lila … bis hin zu Gold und Silber. Wählen Sie also auch die Farbe bewusst aus, anstatt automatisch zum Üblichen zu greifen. Überlegen Sie sich: Wie will ich wirken?

Am besten ist, es einfach auszuprobieren: Besorgen Sie sich zwei, drei unterschiedliche Mappen oder nehmen Sie Ihre Unterlagen mit in den Laden und »probieren« Sie verschiedenfarbige Mappen »an«. Wie ist die jeweilige Wirkung? Welche Eigenschaften bringen Sie mit den unterschiedlichen Mappen in Verbindung? Passt das, was Ihnen beim Anblick der Mappen in den Sinn kommt, zu dem, was Sie beim Empfänger auslösen möchten? Woran erkennen Sie das? Was müsste gegebenenfalls anders sein?

Keine Sorge: Falsch machen können Sie nichts. Niemand bekommt eine Absage wegen der Farbe der Mappe. Aber gewinnen können Sie einiges, denn der Gesamteindruck zählt!

MYTHOS

→ **Es müssen aufklappbare Kartonmappen verwendet werden**

Es ist richtig, dass die klappbare Mappe mittlerweile weit verbreitet ist. Dennoch ist es keineswegs ein Muss. Eine einfache Mappe (Schnellhefter, Klippmappe) ist ebenfalls einwandfrei. Fliegende Blätter sind aber natürlich tabu!

Format und Material

Das übliche Format ist natürlich A 4. Und das ist bei einer ausführlichen Bewerbung auch anzuraten. Zwar lassen sich sämtliche Anlagen auch auf ein kleineres Format kopieren, doch leidet die Lesbarkeit dadurch enorm. Mit dem Format sollten Sie deshalb nur dann experimentieren, wenn Sie eine andere Form der Bewerbung wählen (→ ab Seite 39, »Kurzbewerbung«).

Plastik oder Karton? Geschmackssache. Bei der Materialauswahl sollten Sie in erster Linie auf Stabilität (die Mappe sollte auch einen mehrfachen Versand unbeschadet überstehen) und saubere Verarbeitung (gerade sehr billige Plastikmappen lassen in diesem Punkt zu wünschen übrig) achten. Übrigens: Es passiert immer wieder, dass hinten auf den Mappen noch die Preisschilder kleben. Drehen Sie Ihre Mappe bitte vor dem Versand noch einmal um und entfernen Sie rückstandsfrei alle Aufkleber.

Das Deckblatt

Ob Sie Ihren Unterlagen ein Deckblatt hinzufügen oder nicht, können Sie ganz nach Belieben entscheiden. Es enthält üblicherweise Ihr Foto, Ihren Namen und die vollständigen Kontaktdaten und die Firma und die Position, für die Sie sich bewerben. Der Computer macht es Ihnen leicht, ohne großen Aufwand individuelle Unterlagen zu erstellen, und besonders Details wie der individuelle Aufdruck von Unternehmen/Position machen einen sehr positiven Eindruck.

Wenn Sie sich nicht wohl damit fühlen, dass Ihr Foto ganz vorne auf Ihrer Bewerbung »prangt«, dann lassen Sie das Foto einfach weg. Sie können ein Deckblatt auch nur mit Text gestalten. Bitte lassen Sie das Foto auch weg, wenn es in irgendeiner Form unvorteilhaft ist (dann sollten Sie es generell nicht verwenden, erst recht aber nicht auf der »Titelseite«). Auch wenn es ein sehr kleinformatiges Bild ist, kann es auf einem Deckblatt etwas verloren wirken.

Deckblatt

ohne Foto

Bewerbung

als
Leiterin Bildarchiv

bei
Anton Stein GmbH

Christine Öttl
St.-Cajetan-Straße 10
81669 München
Tel. (0 89) 40 90 69 61
E-Mail: christine@selbstmarketing.de

…att
… Foto

Nat.- + Lohnkosten nach BEL fähig
– sonst nur 75 %

Bewerbung

als
Leiterin Bildarchiv

bei
Anton Stein GmbH

Christine Öttl
St.-Cajetan-Straße 10
81669 München
Tel. (089) 40 90 69 61
E-Mail: christine@selbstmarketing.de

Das Foto

Jeder Mensch ist neugierig, mit wem er es zu tun hat. Und so ist es auch bei der Bewerberauswahl ganz natürlich, dass man sich dafür interessiert, was das denn wohl für ein Mensch ist. Ein Foto hilft da ungemein, denn so kann man sich ein näheres Bild von der Person machen, die einem schreibt.

Muss ein Foto also sein? Muss nicht. Es sei denn, eine Firma bittet in ihrer Ausschreibung ausdrücklich darum. Generell gilt: Lieber kein Foto als ein schlechtes oder unvorteilhaftes! Wenn Sie also unerwartet eine Bewerbung zusammenstellen und es schnell gehen muss, Sie aber gerade kein Foto oder nur ein nicht so vorteilhaftes zur Hand haben, dann ist es besser, kein Foto beizulegen als eines, mit dem Sie nicht zufrieden sind, oder gar eines, das Sie noch schnell irgendwo machen lassen.

Ein gutes Bewerbungsfoto

- stellt Sie in den Mittelpunkt (der Hintergrund unterstützt, anstatt zu erschlagen …),
- lässt Sie offen und sympathisch wirken,
- ist aktuell (Sie sehen noch so aus wie auf dem Foto).

Haben Sie Fotos von sich? Dann fragen Sie doch einmal Menschen aus Ihrem Umfeld, wie Sie auf diesen Bildern wirken. Bitten Sie darum, dass man Ihnen aufrichtig Rückmeldung gibt – und auch offen sagt, wenn es etwas zu »meckern« gibt. Außenstehende tun sich oft leichter mit dem Feedback: Da siehst du aber verkniffen aus. Oder: Du wirkst da so gehetzt, so bist du doch gar nicht.

Absolut out sind übrigens Bilder aus dem Automaten – auch die aus neuen Automaten, die Digitalfotos anbieten –, selbst wenn es bequem und relativ kostengünstig ist. Bitte greifen Sie auf Automatenbilder wirklich nur bei irgendwelchen Ausweisen zurück, niemals aber bei Ihrer Bewerbung. Die Ausleuchtung, die Farben, der Gesichtsausdruck durch die Atmosphäre und meist auch Hektik ... all das führt dazu, dass man sehr unvorteilhaft wirkt.

- Bei diesem Beispiel sieht man sehr deutlich, wie unterschiedlich eine Person auf Bildern wirken kann: Das Farbfoto wirkt lebendig und persönlich – die Farben und die Person gehen harmonisch ineinander über –, das Schwarz-Weiß-Bild lässt die Person etwas »kühler« wirken. Auch die Frisur unterstreicht hier jeweils die Wirkung.
- Nicht so gut am Farbfoto ist, dass die Bewerberin am Betrachter vorbeisieht. Sie wirkt etwas gehetzt, was wiederum durch die Haarsträhnen unterstrichen wird.
- Im rechten Bild ist der offene Gesichtsausdruck ansprechend: Die Bewerberin nimmt Blickkontakt mit dem Betrachter auf.
- Die Bewerberin ist im Grafikbereich aktiv und bewirbt sich im Werbe- und Verlagswesen. Insofern kann sie bei den Fotos ruhig etwas außergewöhnlicher vorgehen.
- Empfehlenswert wäre eine Kombination: ruhig ein farbiges, lebendiges Bild, das der offenen und aktiven Persönlichkeit der Bewerberin entspricht – aber mit direktem Blickkontakt und etwas mehr Fokus auf ihrem Gesicht.

- Im linken Bild entsteht eine sehr große dunkle Fläche durch den schwarzen Rollkragenpulli: Fast die Hälfte des Bildes ist dadurch sehr dunkel, zieht die Blicke auf sich und stiehlt der Person etwas »die Schau«. Wenn es sich machen lässt, kann man in diesem Fall das Foto einfach sauber unten etwas abschneiden. Wer Bewerbungen online verschickt, kann mit einem Bildbearbeitungsprogramm einen entsprechenden Ausschnitt wählen.
- Man sieht bei diesen Bildern wieder, was die Kleidung ausmacht: Das gilt für den Schnitt der Kleidung und auch für die Farbe. Achten Sie darauf, dass die Kleidung Ihr Gesicht ins richtige Licht rückt und nicht zu dominant wird.
- Bei beiden Bildern ist sehr schön, dass die Person so direkt und mit einem offenen, freundlichen Lächeln in die Kamera blickt.

Farblich ist alles möglich. Ob Sie ein normales Vierfarb-Foto nutzen, ein blaustichiges oder sepiafarbenes: Das ist absolut Ihre Entscheidung. Wichtig ist nur, dass Sie das Wichtigste im Bild bleiben.

Die Farben sollten kontrastreich sein. Ein häufiger Fehler bei Bewerbungsfotos ist beispielsweise, dass der Fotograf nicht darauf achtet, dass der Hintergrund einen guten Kontrast zur Kleidung und/oder zur Haarfarbe darstellt. Ein blaues Hemd auf blauem Grund erweckt beispielsweise den Anschein eines »schwebenden Kopfes«, der Eindruck bleibt so konturlos. Auch schwarze Haare vor einem dunklen Hintergrund sind ungünstig: Der Kopf verliert seine Form, alles wirkt sehr dunkel.

Auch beim Format haben Sie relativ freie Hand. Üblich ist Passbild-Format (4,5 × 3,5 cm) oder geringfügig größer, wenn Sie das Foto auf den Lebenslauf kleben möchten. Für ein Deckblatt-Foto sind etwas größere Formate ganz gut. Wichtig ist nur, dass das Foto nicht zu groß ist. Das erschlägt nicht nur schnell Ihr Layout, sondern es kann auch unangenehm dominant wirken.

Der Fotograf

Bitte investieren Sie auf jeden Fall in einen guten Fotografen! Leider ist es nicht so, dass jeder Anbieter von Bewerbungsfotos auch wirklich gute Bilder macht. Tatsächlich passiert es sehr häufig, dass Bewerber auf ihren nagelneuen Fotos sehr unvorteilhaft aussehen. Grundsätzlich haben Sie zwei Möglichkeiten:

→ Sie investieren in richtig gute Bilder und vereinbaren mit einem Fotografen ein individuelles Fotoshooting. Dabei nimmt sich der Fotograf eine oder zwei Stunden Zeit, schießt eine Menge Fotos mit unterschiedlicher Kleidung, Hintergründen und so weiter. Das hat den Vorteil, dass Sie lockerer werden und nachher so genannte Kontaktbögen erhalten: alle Fotos als kleine Abbildungen (»thumbnails«). So können Sie sich für die gelungensten Bilder entscheiden und diese gezielt nachmachen lassen.

Nachteil: Das kostet etwas mehr. Vorteil: Sie haben wirklich Top-Bilder für die nächsten Jahre, können diese jederzeit nachmachen lassen – und auch privat als Geschenke für Freunde und Familie nutzen.

→ Sie gehen zum Fotografen und machen reine Bewerbungsbilder. Hier gibt es wiederum zwei Varianten: »einmal abdrücken und mitnehmen« oder »zwei- oder viermal abdrücken und ein paar Tage später abholen«. Empfehlenswert ist wiederum Letzteres. Und je öfter abgedrückt wird, desto besser. Eine weitere gute Möglichkeit sind auch digitale Bilder. Die besten Fotos können Sie später auch jeweils nachmachen lassen.

Zur Fotografenauswahl: Sehen Sie sich immer vorher seine Bilder an. Sagt Ihnen zu, was Sie sehen, und fühlen Sie sich in Gegenwart der Person wohl? Dann kann's losgehen.

Gesichtsausdruck und Frisur

Auch wenn es eine außergewöhnliche Situation ist und die meisten Menschen sich etwas gehemmt und ungut fühlen, wenn sie fotografiert werden: Es ist wichtig, dass Sie sympathisch wirken. Und das tun lächelnde Menschen eher als verkniffene. An dieser Stelle betonen Bewerber oft, sie möchten unbedingt »seriös« wirken. Keine Sorge: Seriös wirken Sie auch, wenn Sie ein freundliches Gesicht machen. Denn Seriosität ist nicht gleichbedeutend mit einem ernsten Blick.

Bitte sehen Sie – auch wenn das für Sie ungewohnt ist – vor dem Fotografieren noch einmal ausgiebig in den Spiegel. Leider weist Sie nicht jeder Fotograf darauf hin, wenn Ihre Haare unvorteilhaft liegen – und bleiben Sie auch beim Thema Haare Ihrem persönlichen Stil treu: Wenn Sie Ihre Haare normalerweise offen tragen, dann binden Sie sie auch jetzt nicht hoch, um möglicherweise »seriöser« auszusehen.

Noch ein Tipp: Schauen Sie direkt in die Kamera, nehmen Sie quasi Blickkontakt mit dem Personalentscheider auf.

Kleidung auf dem Foto

Bei der Kleidung sollten Sie in erster Linie darauf achten, dass die Farben gut zu Ihrem Gesicht passen. Es gibt Farbtöne, die sehr unvorteilhaft sind – und andere, die einem sehr gut stehen und dem Gesicht schmeicheln. Probieren Sie zu Hause vor dem Spiegel einfach einmal verschiedene Oberteile aus und sehen Sie sich den Unterschied an. Fragen Sie Freunde um ihre ehrliche Einschätzung. Wenn Sie überhaupt nicht recht wissen, welche Farben Ihnen stehen, sollten Sie sich eine professionelle Farbberatung gönnen. Das bringt oft erstaunliche Erkenntnisse.

Achten Sie bei gemusterter Kleidung bitte darauf, dass die Muster nicht zu großflächig sind: Die können Ihrem Gesicht nämlich schnell die Schau stehlen und den Blick auf sich ziehen.

Ansonsten sind Sie relativ frei, was die Kleidung angeht. Gerade wenn Sie ein Portrait wählen, sieht man von Ihrer Kleidung kaum etwas: einen Hemd-, Blusen- oder Rollkragen und eventuell ein Stück Sakko. »Krawattenzwang« besteht sicher nur bei einigen Branchen/Positionen, wie zum Beispiel Banken und Unternehmensberatungen beziehungsweise als Kundenberater oder Führungskraft.

TIPP

→ Nehmen Sie zum Fototermin einfach Kleidung zum Wechseln mit: in zwei unterschiedlichen Farben oder ein unifarbenes und ein dezent gemustertes Stück. Sie haben so eine größere Auswahl und können sich das Bild aussuchen, auf dem Sie am besten wirken. Und achten Sie darauf, dass die Kleidung, die Sie tragen, bequem ist und Sie sich darin wohl fühlen. Denn nur wenn Sie beim Fotografieren entspannt sind und nichts kneift oder rutscht, werden es auch gute Fotos.

Ganzkörperaufnahmen und Privatfotos

In der Regel sind Bewerbungsfotos Portraits, das heißt, der Fokus liegt auf dem Gesicht. Auch Halbportraits (inklusive Oberkörper) sieht man häufiger. Ganzkörperaufnahmen hingegen sollten Sie nur dann verwenden, wenn das ausdrücklich gefragt ist (zum Beispiel bei einer Bewerbung als Flugbegleiter).

Ob man auch ein Privatfoto verwenden kann, hängt ausschließlich vom jeweiligen Foto ab. Wenn Sie ein Top-Foto von sich haben, bei dem der Fokus auf Ihrem Gesicht liegt und nicht irgendwelche sehr privaten Elemente darauf zu sehen sind (buntes Hawaii-Hemd, die Haare vom Wind zerzaust, der dicke Sonnenbrand, das Schirmchen vom Caipirinha ...): Warum nicht? Meist sind Privatfotos jedoch nicht geeignet.

Schwarz-Weiß-Fotos

Schwarz-Weiß-Fotos werden gern verwendet – und sie sehen auch wirklich elegant aus. Allerdings können sie auch auf ungute Weise altmodisch wirken. Achten Sie auf jeden Fall – wie bei Farbfotos – auf gute Kontraste: Haare und Kleidung müssen sich stark vom Hintergrund abheben, sonst wird das Ganze schnell eine triste »Soße«. Auch die Machart der Schwarz-Weiß-Fotos entscheidet über die Wirkung. Häufig sehen Bewerbungsfotos in Schwarz-Weiß aus wie Nachruf-Bildchen, manchmal sogar mit einem schwarzen Rand (ungelogen!). Bitte sehen Sie sich deshalb vorher ein paar Schwarz-Weiß-Bilder des Fotografen an, um ein Gefühl für die Unterschiede zu bekommen.

Kopien und Scans

Immer wieder Fotos beilegen wird auf die Dauer ganz schön teuer. Darf man das Foto denn auch auf das Deckblatt oder den Lebenslauf kopieren?

Schwarz-Weiß-Kopien bitte auf keinen Fall. Das wirft kein gutes Licht auf Sie – weder in puncto Qualität noch was Sorgfalt und Sinn für Ästhetik beim Zusammenstellen der Unterlagen anbelangt. Einzige Ausnahme ist, wenn Sie Ihre Unterlagen faxen. Und das sollten Sie bitte nur nach vorheriger Absprache mit dem Unternehmen tun – etwa wenn die Firma Ihre Unterlagen kurzfristig und eilig anfordert. Auch Farbkopien sind nicht empfehlenswert: Zum einen sind sie relativ teuer, so dass Sie keine große Ersparnis hätten, und zum anderen sind leider auch die meisten Farbkopien sehr schlecht. Sie sollten sie daher wirklich nur dann verwenden, wenn Sie ein Top-Ergebnis hinbekommen (bitte beachten Sie auch die Hinweise zum Thema »Scan« auf → Seite 38).

Darf man Fotos einscannen und ausdrucken? Auch hier ein klares Jein. Obwohl viele Personalentscheider nach wie vor ein »richtiges Foto« bevorzugen, haben ausgedruckte Fotos stark an Akzeptanz gewonnen. Das Problem ist jedoch, dass die Qualität – sowohl des Scans als auch des Ausdrucks – oft zu wünschen übrig lässt. Das Resultat sind leider oft extrem grobkörnige, mangelhafte Fotos. Das macht nicht nur einen schlechten Eindruck, weil es schlampig wirkt, sondern auch, weil der Bewerber unvorteilhaft aussieht.

Wenn Sie in 1A-Qualität scannen und Ihr Drucker Top-Qualität liefert (Tintenstrahldrucker sind oft nicht ausreichend und Farblaserdrucke sind unverhältnismäßig teuer), dann drucken Sie das Foto aus. Es darf aber wirklich so gut wie kein Unterschied zum Original bestehen! Alles andere wäre Sparen am falschen Ende.

Lebenslauf und Tätigkeitsprofil

Im Lebenslauf bieten Sie dem Personalentscheider einen allgemeinen Überblick über Ihren bisherigen Werdegang. Diese Zusammenfassung ist ein zentraler Bestandteil einer aussagekräftigen und überzeugenden Bewerbung. Bitte lesen Sie im Kapitel »Der Lebenslauf« alles, was in diesem Zusammenhang wichtig ist.

Manchmal lohnt es sich, eine bestimmte berufliche Station etwas näher zu beschreiben. Je nachdem, wie umfangreich Ihr Lebenslauf ist, können Sie die wichtigsten Aspekte einer Tätigkeit gleich dort mit unterbringen, es kann sich aber auch lohnen, ein separates Tätigkeitsprofil beizufügen. Das macht insbesondere dann Sinn, wenn Sie

- einen komplexen Tätigkeits-/Verantwortungsbereich hatten;
- bei einer Tätigkeit Zusatzaufgaben übernommen haben;
- sich aktuell für eine Position bewerben, für die Sie auf den ersten Blick nicht die richtige Fachkenntnis besitzen;
- eine Berufsbezeichnung haben, die den Leser gedanklich gleich in die Richtung »Ach die/der ist ja eigentlich« lenkt und ihn sofort festlegt.

Die beiden letzten Punkte sehen wir uns genauer an:

BEISPIEL

Obwohl die Bewerberin als Chefsekretärin eingestellt war, hat sie in ihrer letzten Stelle, in der sie über sieben Jahre tätig war, den kompletten Vertrieb neu aufgebaut und organisiert. Das Unternehmen wuchs von 5 auf 20 Mitarbeiter. Nun möchte sie sich als Vertriebsleiterin bewerben. Zwar hat sie eine kaufmännische Ausbildung, doch ansonsten zeigt ihr Lebenslauf 15 Jahre Sekretariats- und Office-Management-Erfahrung.

Die Bewerberin sollte – wiederum im Anschreiben und mit einem Tätigkeitsprofil – ihre Vertriebserfahrung und »informelle Vertriebsleitung« betonen. Selbstverständlich sollte sie auch darauf achten, dass im Zeugnis ihres früheren Arbeitgebers ihre Vertriebsverantwortung und ihre Leistungen bei Aufbau und Leitung deutlich genannt werden.

BEISPIEL

Ein gelernter Hotelfachmann bewirbt sich als Kundenbetreuer bei einem IT-Unternehmen. Nach seiner Ausbildung hat er mehrere Jahre in den unterschiedlichsten Hotels gearbeitet. Sein Lebenslauf ist entsprechend geradlinig, aber auch einschlägig, alle Zeugnisse sind von Hotels ausgestellt.

In diesem Fall kann der Bewerber sowohl im Anschreiben als auch in einem extra Tätigkeitsprofil genau die Aspekte seiner Hotelerfahrung hervorheben, die für die Kundenbetreuung relevant sind. Wichtig ist, dass der Bewerber gezielt den Bogen spannt, von seinen Eigenschaften über seine Fähigkeiten bis hin zur Berufspraxis, und dies branchenunabhängig darstellt. So erleichtert er es dem Leser, der in diesem Fall ja aus einer anderen Branche kommt, gedanklich abzuhaken: Aha, das kann er, das kann er auch, das hat er auch schon gemacht. Helfen Sie dem Personalentscheider, zu erkennen, wie gut Sie für eine Stelle geeignet sind. Gehen Sie nicht davon aus, dass er von sich aus alle wichtigen Punkte miteinander verbindet.

Bei einem Tätigkeitsprofil greifen Sie also relevante Abschnitte Ihres Werdegangs heraus und schlüsseln diese etwas näher auf. Wichtig ist dabei, dass Sie nur die wirklich relevanten Stellen herausgreifen und nur die wichtigsten Aspekte aufführen und nicht jede Mini-Aufgabe, die man als selbstverständlich voraussetzen kann. Natürlich können Sie sich auch auf eine Projektbeschreibung beschränken. Vielleicht möchten Sie kein komplettes Tätigkeitsprofil einer Position präsentieren, sondern nur einen Teilbereich, für den Sie verantwortlich waren. Oder Sie haben im Rahmen einer Stelle ein bestimmtes Projekt geleitet (Ablage reorganisiert, Marketingstrategie erstellt und umgesetzt ...).

Bitte behalten Sie dabei aber immer auch Ihre Bewerbung im Auge und übertreiben Sie nicht. Sie gelten sonst schnell als überqualifiziert und manövrieren sich so direkt ins Aus.

Tätigkeitsprofil

Tätigkeitsprofil
Assistentin der Geschäftsführung,
A + B Bürozubehör GmbH

Neben dem Management des Chefsekretariats wurde mir 1995 vollverantwortlich der Aufbau der Vertriebsabteilung übertragen.

Das beinhaltete:

- *Markt- und Wettbewerbsanalyse*
- *Erstellen einer Marketingstrategie*
- *Ermitteln unserer Key Accounts und deren Analyse*

- *Konzipieren und Realisieren von Verkaufsförderungsmaßnahmen (Mailings, Kundenbindungs-Events, Messebesuche)*

- *Zusammenstellen eines Sales-Teams*
- *Personalverantwortung für drei Personen*
- *Zielvereinbarungsgespräche und Erfolgskontrolle*
- *Butgetverantwortung*

- *Gemeinsam mit einem externen Beratungsunternehmen und einer Werbeagentur: Entwicklung und Implementierung einer neuen Corporate Identity*

Die Anlagen

Nun geht's um die Belege: Natürlich ist ein Unternehmen daran interessiert, sich anhand von Zeugnissen und Nachweisen ein näheres Bild darüber zu machen, wie andere Sie und Ihre Leistungen beurteilen, beziehungsweise weitere Informationen zu erhalten. Idealerweise enthält eine Bewerbungsmappe:

- Arbeitszeugnisse
- Zertifikate über Weiterbildung
- Nachweise, zum Beispiel über Praktika
- bei männlichen Bewerbern: Wehr-/Zivildienst-Nachweis
- wenn vorhanden: Universitätsabschluss
- wenn vorhanden: Zeugnis Berufsausbildung
- höchstes Abschlusszeugnis Schule

Vermeiden Sie es jedoch, Ihre Bewerbung durch alle möglichen Zertifikate aufzublähen. Sie erreichen damit genau das Gegenteil von dem, was Sie eigentlich beabsichtigen.

Für alle hier genannten Nachweise gilt: Bitte geben Sie nie Ihre Originale aus der Hand!

Bei der Sortierung ist wichtig, auf Lesefreundlichkeit und Schlüssigkeit zu achten. Das heißt: Fangen Sie mit dem Aktuellsten an und gehen Sie dann in die Vergangenheit. Optional können Sie auch mit Trennblättern arbeiten, also etwa vor den Zeugniskopien ein schönes Zwischenblatt einlegen. Eine mögliche Sortierung könnte zum Beispiel so aussehen:

1. Anschreiben
2. Lebenslauf
3. Tätigkeitsprofil

4 Trennblatt »Zeugnisse«
5 aktuellstes Zeugnis → Schulabschlusszeugnis
6 Trennblatt »Zertifikate«
7 aktuellstes Zertifikat → ältestes Zertifikat

Je nachdem, was Sie beiheften und wie umfassend Ihre Anlagen sind, ergibt sich eine unterschiedliche Sortierung. Es kann durchaus sein, dass Sie so wenig Anlagen haben, dass Sie Zeugnisse und Zertifikate nicht trennen möchten.

Vielleicht haben Sie aber auch mehrere Anlagen und möchten anders sortieren: Etwa »Arbeitszeugnisse« getrennt von »Schule & Ausbildung«. Das bleibt Ihnen überlassen. Wichtig ist nur, dass Ihre Bewerbung übersichtlich und leicht zu erfassen ist.

Zeugnisse und Zertifikate

Natürlich ist es positiv, Nachweise darüber zu erbringen, dass und in welcher Form Sie sich aktiv weiterbilden. Das können Zertifikate über private Kurse sein (die einen Bezug zum Berufsleben haben), Teilnahmebescheinigungen über firmeninterne Seminare oder auch Zertifikate über umfassende Fortbildungsmaßnahmen, wie etwa eine Zusatzausbildung.

Wichtig ist, dass Sie bei solchen Zertifikaten immer auf die Relevanz achten: Das heißt, dass das »verbriefte Wissen« zumindest einen gewissen Bezug zu der Stelle, für die Sie sich bewerben, haben sollte. Zudem muss das Wissen noch präsent sein. Angenommen, ein Bewerber hat vor zehn Jahren einen Business-Englisch-Kurs besucht, seither aber überhaupt nicht mehr Englisch gesprochen und kann es eigentlich auch gar nicht mehr, dann ist das Zertifikat nicht hilfreich. Auch Nachweise über Computerkurse für Programme, die niemand mehr nutzt, sind wertlos. Umgekehrt ist es aber auch wichtig, nicht zu streng zu sein.

BEISPIEL

Ein Informatiker, der sich bei einem Automobilkonzern bewerben möchte, teilt mit, dass er den Nachweis über einen Rhetorikkurs nicht beilegt, weil das ja nichts mit seiner Tätigkeit zu tun hat. Tatsächlich ist die Information, dass der Bewerber sich für Rhetorik interessiert und sich fortbildet, sehr positiv für ihn. Erst recht, weil er einem technischen Beruf angehört, bei dem oft darüber geklagt wird, dass es Verständnisschwierigkeiten zwischen Technikern und Laien gibt.

Idealerweise haben Sie für jede Stelle ein Zeugnis erhalten. Es gibt so genannte einfache und qualifizierte Zeugnisse. Im einfachen Zeugnis ist aufgelistet, wer, wann, als was und für wen tätig war. Außerdem werden die damit verbundenen Tätigkeiten kurz genannt. Beim qualifizierten Zeugnis erfährt der Leser außerdem etwas über die Leistung und persönlichen Eigenschaften. Manchmal fehlen Zeugnisse. Etwa weil

- man vergessen hat, sich eines geben zu lassen (ein Zeugnis bekommt man nicht automatisch, Sie müssen es aktiv anfordern);
- es verloren gegangen ist;
- man sich mit einem Zeugnis nicht so wohl fühlt und es deshalb lieber nicht beifügt.

Wenn Sie von einer früheren Stelle kein Zeugnis mehr haben, dann fragen Sie dort einfach freundlich nach, ob man Ihnen ein neues ausstellt. Wurde Ihnen damals ein Zeugnis ausgestellt und Sie haben Ihr Exemplar verloren, lässt man Ihnen sicher gerne eine neue Ausfertigung zukommen. Hatten Sie damals keines angefordert und liegt Ihre Tätigkeit dort auch schon länger zurück, kann man Ihnen vielleicht nur noch ein einfaches Zeugnis ausstellen, also den Nachweis, dass und wann Sie dort tätig waren.

Grundsätzlich gilt: Ein fehlendes Zeugnis lässt die Augenbraue des Personalentscheiders in die Höhe gehen. Hat der Bewerber etwas zu verbergen? Hält er Informationen zurück? Und natürlich: Vermutlich ist das Zeugnis schlecht, sonst läge es ja bei. Legen Sie deshalb niemals ein Zeugnis bewusst nicht bei. Zur Beruhigung: Viele Menschen vermuten unberechtigterweise, dass ein Zeugnis schlecht ist, etwa weil sie sich auf einzelne Wörter fixieren, anstatt den Gesamteindruck zu berücksichtigen, wie das ein guter Personaler tut. Wenn Sie unsicher sind, können Sie auch einen unabhängigen Experten fragen, wie Ihr Zeugnis wirkt und was es aussagt. Sie sollten aber auf jeden Fall damit rechnen, dass Sie möglicherweise auf einen bestimmten Aspekt in einem der beigelegten Zeugnisse angesprochen werden.

Große Unsicherheit gibt es oft auch, was das aktuelle beziehungsweise letzte Zeugnis angeht: Man ist vielleicht noch in Lohn und Brot und orientiert sich neu. Ein Zwischenzeugnis möchte man nicht anfordern, weil das die Absicht zu wechseln verraten würde. Oder das letzte Angestelltenverhältnis ist bereits beendet, aber Sie haben noch kein Zeugnis erhalten. Keine Panik! Jeder Personaler weiß, dass möglicherweise über die aktuelle oder letzte Stelle einfach noch kein Nachweis da ist. Die Scheu, Zwischenzeugnisse anzufordern, ist ebenfalls bekannt und daher nachvollziehbar.

Überlegen Sie es sich trotzdem: Ein Zwischenzeugnis kann Ihnen bei einer Bewerbung sehr helfen, insbesondere dann, wenn Sie sonst keine Nachweise über Ihre Berufspraxis haben. Was Sie aber auf jeden Fall tun können, ist die Lücke selbst zu füllen, indem Sie beispielsweise ein Tätigkeitsprofil beifügen (→ Seite 29 ff.).

Praktika

Gerade für Berufsanfänger sind Praktika eine feine Sache. So kann man die Berufserfahrung, die man beispielsweise neben dem Studium erworben hat, verdeutlichen und bekommt einen Vorsprung vor Bewerbern, die keinerlei Berufspraxis vorweisen können.

Beschränken Sie sich nicht darauf, Ihre Praktika im Lebenslauf lediglich aufzulisten, sondern bitten Sie – sofern das nicht automatisch geschieht – um einen ausführlichen Nachweis: In welcher Abteilung waren Sie? Wen haben Sie unterstützt? In welchem Unternehmensbereich/an welchem Projekt haben Sie mitgearbeitet? Mit welchem Verantwortungsgrad? Wie schätzt man Ihre Persönlichkeit und Ihre Leistungen ein? Je konkreter, desto besser!

Wenn Sie jedoch nur Brotzeitholer und Kopierer waren oder es Ärger gab, sodass Sie befürchten, dass ein ausführlicher Nachweis eher negativ ist, bitten Sie um einen einfachen Praktikumsnachweis, in dem Ihnen Zeit, Dauer und Tätigkeit bestätigt werden.

Arbeitsproben

In manchen Bereichen kann man seine Fähigkeiten direkt unter Beweis stellen. Ein Grafiker kann von ihm gestaltete Broschüren oder Anzeigen beilegen. Eine Journalistin kann einige von ihr verfasste Artikel mitschicken. Ein Marketingfachmann kann ein erfolgreich durchgeführtes Projekt konkret schildern. Eine Webdesignerin kann Screenshots von Internetseiten beilegen und natürlich die entsprechenden Webadressen mit angeben … Arbeitsproben sind grundsätzlich hervorragend. Denn besser als zu zei-

TIPP

Übersetzungen

→ Haben Sie fremdsprachige Zeugnisse oder Nachweise? Wenn Sie nicht sicher sind, dass der Personalentscheider die Sprache auch beherrscht, sollten Sie sicherheitshalber eine Übersetzung beilegen. So ist beispielsweise bei einer Firma, die einen Mitarbeiter mit fließenden Englischkenntnissen sucht, davon auszugehen, dass englische Schriftstücke kein Problem darstellen.

gen, was man drauf hat, geht's kaum. Wichtig ist, dass Sie immer auf die betreffende Position bezogen entscheiden, ob Sie Arbeitsproben beilegen. Denn wer irrelevante Arbeitsproben beilegt oder einen falschen Schwerpunkt setzt, kann sich dadurch auch ins Aus katapultieren.

Übrigens können Sie auch praktische Arbeitsproben anbieten. Handelt es sich bei Ihrem Fachgebiet um eine Dienstleistung, also etwa Telefonakquise oder eine Kundenberatung, dann bieten Sie doch an, diese persönlich zu demonstrieren. Denken Sie auch an die Möglichkeit, Arbeitsproben für »fiktive« Projekte zu erstellen. Das ist beispielsweise für Quereinsteiger vorteilhaft, die noch keine tatsächlichen Arbeiten in der entsprechenden Branche vorweisen können. Sagen Sie ganz offen, dass das es sich um ein ausgedachtes Projekt handelt, um Ihre Fähigkeiten unter Beweis zu stellen.

Kopien und Scans

Beim Kopieren ist es wichtig, auf ein paar Dinge zu achten:

- Die Kopien müssen qualitativ hochwertig sein, also gerade und sauber ausgerichtet sowie makellos (unsauberes Kopiererglas erzeugt oft »Schmutzpunkte«, nicht regelmäßig gewartete Geräte verursachen Querstreifen).
- Kopieren Sie immer nur einseitig, nicht auf der Rückseite (das erleichtert dem Personaler das Lesen).
- Achten Sie darauf, dass für das Einheften in einer Mappe genug Rand auf der linken Seite bleibt, sodass durch Klipp oder Locher die Lesbarkeit nicht beeinträchtigt wird.

Eingescannte und ausgedruckte Anlagen gehen natürlich auch, wenn die Qualität des Scans und des Ausdrucks sehr gut ist. Gerade wenn man die Anlagen gerne farbig beifügen will (nicht nötig, aber sieht ganz gut aus), bietet sich ein Scan an.

Oft werden eingescannte Anlagen nur verkleinert wieder ausgedruckt. Davon ist abzuraten, denn erstens ist es nicht nötig, zweitens ergeben sich beim Druck meist unschöne Ränder und drittens erschwert es die Lesbarkeit, weil die Schrift kleiner wiedergegeben wird.

Die Kurzbewerbung

Bei der Kurzbewerbung werden nicht sämtliche Unterlagen beigelegt. Sie besteht in der Regel aus:

- Anschreiben
- Lebenslauf (mit Foto)
- wenn relevant: Tätigkeitsprofil

Sie eignet sich besonders gut, um bei einem Unternehmen vorzufühlen – insbesondere in Form einer Initiativbewerbung, wenn Sie also nicht wissen, ob überhaupt eine Stelle zu vergeben ist. Noch besser ist es jedoch auch hier, komplette Unterlagen zu verschicken und dem Unternehmen von Anfang an alle wichtigen Informationen an die Hand zu geben.

Die Kurzbewerbung dient nicht dazu, sich weniger Arbeit zu machen

Häufig wird die Form der Kurzbewerbung auch beim persönlichen Kontakteknüpfen genutzt – wenn Sie beispielsweise auf einer Messe sind und eine etwas ausführlichere »Visitenkarte« von sich hinterlassen möchten. Für diesen Zweck können Sie die Kurzbewerbung natürlich auch variieren. Ein dreifach gefaltetes A4-Blatt ergibt zum Beispiel einen schnell gemachten Lang-DIN-Folder, auf dem Sie Ihr Profil, Ihren Werdegang, Ihr Foto und Ihre Kontaktdaten gut unterbringen. Wichtig dabei ist, dass Sie immer auf hervorragende Qualität achten, sowohl was den Druck angeht als auch die sorgfältige Ausrichtung des Textes.

Fragen, die uns immer wieder gestellt werden

Wie schnell muss ich denn meine Bewerbung schicken, wenn ich eine Anzeige lese?
Wer eine vakante Stelle hat, möchte diese möglichst bald besetzen. Sie sollten Ihre Unterlagen also zügig verschicken. Bei einer Zeitungsanzeige wird ein Unternehmen zirka ein- bis eineinhalb Wochen warten. Lassen Sie aber keine Hektik aufkommen: Anstatt auf die Schnelle schon am nächsten Tag eine Bewerbung zu verschicken, sollten Sie sich lieber etwas Zeit nehmen, um individuelle und überzeugende Unterlagen für genau diese Stelle/diese Firma zusammenzustellen.

Sollte ich nicht am besten die Mappe gleich persönlich vorbeibringen?
Natürlich können Sie Ihre Mappe jederzeit auch persönlich vorbeibringen. Der Vorteil ist, dass Sie die Umgebung sehen und einen ersten Eindruck vom Unternehmen bekommen. Richten Sie sich aber darauf ein, dass Sie Ihre Unterlagen möglicherweise am Empfang abgeben werden. Es ist keineswegs selbstverständlich, dass der betreffende Personalentscheider gerade Zeit hat, sich mit Ihnen persönlich zu unterhalten.

Ist es üblich, Referenzen anzugeben? Was gibt es da zu beachten?
Während in anderen Ländern, beispielsweise den USA, Referenzen aktiv genutzt werden, ist das bei uns weniger der Fall. Dennoch können Sie natürlich jederzeit Referenzen angeben! Zu beachten ist dabei, dass es Menschen sind, die wirklich etwas über Ihre Person/Ihre Arbeitsweise sagen können – und das auch wollen. Erster Schritt ist also, dass Sie entsprechende Personen daraufhin ansprechen und fragen, welche Kontaktmöglichkeiten (Telefon, E-Mail) Sie angeben dürfen. Geben Sie in Ihrer Bewerbung dann bitte auch an, wie die Person zu Ihnen steht (zum Beispiel ehemalige Chefin).

Ich bin schon länger aus der Schule. Muss ich denn wirklich noch mein Schulzeugnis beilegen?
Müssen tun Sie gar nichts. Dennoch gehört in eine komplette Bewerbungsmappe eben auch Ihr Abschlusszeugnis. Seien Sie aber beruhigt: Ein Personalentscheider konfrontiert Sie sicher nicht mit der schlechten Mathe-Zensur von vor 15 Jahren.

Wenn eine Kurzbewerbung Interesse weckt, möchte der Personalentscheider selbstverständlich die gesamten Unterlagen sehen. Richten Sie sich also darauf ein, Ihre komplette Mappe nachzureichen oder diese spätestens beim Vorstellungsgespräch mitzubringen. Achtung: Auch bei einer Kurzbewerbung erhöhen Sie Ihre Chancen, wenn das Anschreiben individuell formuliert und aussagekräftig ist.

Der Versand

Bitte achten Sie darauf, dass Sie Ihre Unterlagen in einem stabilen Kuvert verschicken und dass die Sendung auf jeden Fall ausreichend frankiert ist (im Zweifelsfall zur Post bringen statt einfach einwerfen).

Stabile Verpackung

Die stabile Verpackung – am besten ein Kartonkuvert verwenden oder einen sauber geschnittenen, neuen Karton als Verstärkung beilegen – ist aus zwei Gründen wichtig:

- Ihre Bewerbung soll unversehrt beim Empfänger ankommen und nicht etwa geknickt.
- Ihre Unterlagen sollen auch im Falle einer Absage noch einwandfrei aussehen, sodass Sie sie mehrmals verwenden können.

Bitte achten Sie darauf, dass es keine fliegenden Blätter gibt. Auch wenn das Anschreiben üblicherweise nicht fest in die Mappe integriert wird, sondern meist aufliegt, empfiehlt es sich, den Bewerbungsbrief oben in die Mappe einzulegen oder Anschreiben und Mappe nochmals in eine Klarsichthülle zu stecken. Es sollte zwar nicht passieren, dass beim Auspacken irrtümlich das Anschreiben im Kuvert bleibt und weggeworfen wird – aber es kann vorkommen.

Manche Bewerber kommen auf die Idee, gleich einen beschrifteten – manchmal sogar frankierten – Rückumschlag beizulegen. Der Gedanke dahinter ist zwar verständlich: In der Hoffnung, dass die Bewerbungsunterlagen im Falle einer Absage auch wirklich zurückgeschickt werden, möchte man dem Unternehmen das erleichtern. Tatsächlich ist das aber keine gute Idee: Denn es zeigt, dass der Bewerber mehr oder weniger bereits damit rechnet, eine Absage zu erhalten. Er demonstriert damit, dass er sich für nicht besonders geeignet hält, auf jeden Fall aber unterstreicht er seine negative Grundeinstellung.

Empfängeradresse

Idealerweise kennen Sie den Vor- und Zunamen des richtigen Ansprechpartners im Unternehmen: Entweder sie gehen aus der Stellenausschreibung hervor oder Sie haben sich über das Internet oder telefonisch danach erkundigt. Schreiben Sie auf das Kuvert:

- Anrede Vor- und Zuname (kein z. Hd. oder Ähnliches → ab Seite 51)
- Abteilung

Bitte achten Sie dabei auf die richtige Schreibweise beziehungsweise lassen Sie sich den Namen buchstabieren, wenn es Unklarheiten gibt. Nichts ärgert mehr, als wenn der eigene Name falsch geschrieben ist. Noch dazu, wenn er in der Ausschreibung richtig genannt war.

Wenn Sie den Namen an erster Stelle nennen, bedeutet das streng genommen, dass der Brief nur von genau dieser Person geöffnet werden darf. Das ist dann nicht so günstig, wenn die Person aus irgendeinem Grund nicht anwesend ist (Krankheit, Urlaub). Natürlich kann es sein, dass die Post dennoch geöffnet wird. Wenn das Unternehmen jedoch streng mit Vertraulichkeitsregeln umgeht, kann es auch passieren, dass persönliche Post ungeöffnet im Postfach liegen bleibt.

Sofern Sie tatsächlich nicht möchten, dass Ihre Bewerbungsunterlagen von der Poststelle geöffnet werden, können Sie einfach auch »persönlich«, »vertraulich« oder »Personalsache« über die Adresse schreiben, dann den Firmennamen, dann die Person/Abteilung.

Denken Sie daran, Ihren Absender auf dem Kuvert anzugeben: Sollte die Bewerbung aus irgendeinem Grund den Empfänger nicht erreichen (Zahlendreher bei der Postleitzahl oder Ähnliches), dann erhalten Sie sie zurück und wundern sich nicht etwa, wieso das Unternehmen sich nicht meldet.

→ FAZIT

→ Es gibt die komplette Bewerbung (mit Zeugnissen/Zertifikaten) und die Kurzbewerbung (Anschreiben, Lebenslauf/Foto, evtl. Tätigkeitsprofil). Die komplette Mappe ist der Kurzbewerbung vorzuziehen.

→ Achten Sie immer auf Lesefreundlichkeit: Gute Bewerbungsunterlagen sind sinnvoll sortiert, haben ein ansprechendes, leicht zu erfasssendes Layout und kommen aussagekräftig auf den Punkt.

→ Am besten versenden Sie vollständige Unterlagen. Dokumente, die nicht beiliegen, machen zusätzliche Arbeit (extra anfordern) und können den Anschein erwecken, der Absender sei nicht sorgfältig oder habe etwas zu verbergen.

→ Der Leser Ihrer Bewerbungsmappe liest nicht unbedingt alles von vorne bis hinten. Darum ist es wichtig, alles, was für Sie spricht und Sie interessant macht, entsprechend in den Mittelpunkt zu rücken.

→ Heben Sie einschlägige Berufserfahrung oder relevante Kenntnisse und Fähigkeiten hervor – insbesondere wenn Sie sich auf eine Stelle bewerben, die auf den ersten Blick nicht zu Ihrem bisherigen Werdegang passt.

3 Das Anschreiben

→ Das Anschreiben ist das Herzstück Ihrer Bewerbung – oder sollte es zumindest sein. Die Wahrscheinlichkeit, dass es vom Empfänger als Erstes gelesen wird, ist sehr groß. Und es ist der Teil der Bewerbungsmappe, in der Sie letztendlich am meisten Individualität zum Ausdruck bringen – sich selbst mit eigenen Worten präsentieren können. Diese Chance sollten Sie auf jeden Fall gut nutzen.

Basics zu Inhalt und Layout

Immer wieder fragen Bewerber, wozu es überhaupt ein Anschreiben braucht. Denn alle wichtigen Informationen gehen schließlich aus dem Lebenslauf und den Zeugnissen hervor.

Bitte machen Sie sich klar, dass ein Personalentscheider zig, manchmal sogar Hunderte von Bewerbungen zu sichten hat. Die Wahrscheinlichkeit, dass er sich in einem ersten Durchgang an den Anschreiben orientiert und nur die interessanten und aussagekräftigen in die engere Wahl nimmt, ist sehr groß.

Das Anschreiben dient dazu, dem Empfänger Ihre Bewerbungsmappe »schmackhaft« zu machen und ihn davon zu überzeugen, dass es sich lohnt, sich ausführlicher damit zu beschäftigen.

Riskieren Sie also nicht, dass Ihre Qualitäten und Kompetenzen gar nicht beim Personalentscheider ankommen – weil Sie wegen eines unattraktiven und spartanischen Anschreibens gleich aussortiert werden.

Bitte achten Sie darauf, dass man auf den ersten Blick erkennt, dass Sie sich Mühe gemacht haben und Wert auf Details legen

Es ist daher sehr wichtig, dass Sie ein authentisches und persönliches Anschreiben verfassen. Verstecken Sie sich nicht hinter nichtssagenden Floskeln und Formulierungen, die nicht zu Ihnen passen. Wenn man das Anschreiben gelesen hat, sollte man wirklich etwas über Sie erfahren haben und sich eine klare Vorstellung von Ihnen machen können.

Was in ein gutes Anschreiben gehört

Es ist üblich und sinnvoll, das Anschreiben ähnlich wie einen Aufsatz aufzubauen und in drei klare Abschnitte zu gliedern (Anfang, Hauptteil, Schluss). Die Hauptabschnitte eines Anschreibens, auf die wir in diesem Kapitel detailliert eingehen werden, sind der Einstieg, der Inhalt oder Hauptteil und der Schluss oder die Verabschiedung.

Sie können alle gerade genannten Teile des Anschreibens nutzen, um Profil zu zeigen und sich als Persönlichkeit möglichst greifbar zu machen. Verfassen Sie ein aussagekräftiges Anschreiben und teilen Sie dem Empfänger Folgendes mit:

1. **IHRE MOTIVATION, SICH ZU BEWERBEN:** Schreiben Sie nicht nur, wie Sie auf die Stelle aufmerksam geworden oder dass Sie sehr interessiert sind, sondern führen Sie aus, was Sie an der Position/am Unternehmen konkret reizt. Der beste Platz dafür ist der Einstieg; zusätzlich dazu können Sie auch ganz zum Schluss noch einmal darauf zu sprechen kommen.
2. **IHR FACHLICHES KNOW-HOW, IHRE ERFAHRUNG:** Bitte beschränken Sie sich nicht auf Standardsätze wie »Ich werde allen in der Anzeige genannten Erwartungen voll gerecht« und speisen Sie den Leser nicht einfach mit dem Hinweis darauf ab, dass er Ihre Qualitäten aus dem Lebenslauf und den Zeugnissen entnehmen kann. Im Anschreiben sollten Sie Ihre Erfahrungen und Ihre fachliche Expertise ins richtige Licht rücken und klar machen, inwiefern Sie das Zeug für die angestrebte Stelle haben.
3. **IHRE PERSÖNLICHEN KOMPETENZEN:** Da der Empfänger sich auch ein Bild von Ihrer Persönlichkeit machen möchte, vergeben Sie Chancen, wenn Sie überhaupt nicht auf Ihre persönlichen Kompetenzen eingehen oder einfach nur ein paar Begriffe wie Kommunikationsstärke, Belastbarkeit und Eigeninitiative auflisten. Am besten und glaubwürdigsten ist es, wenn Sie Ihre persönlichen Stärken

in die Schilderung Ihres Werdeganges einbauen und rüberbringen, inwiefern Sie die angestrebte Stelle gut ausfüllen und ein Gewinn für das Unternehmen sind.

Bitte achten Sie auch beim Anschreiben auf Lesefreundlichkeit und machen Sie sowohl sich selbst als auch dem Empfänger das Leben möglichst leicht. »Verkünsteln« Sie sich nicht und suchen Sie nicht verzweifelt nach möglichst ausgefeilten Formulierungen, sondern wählen Sie einen gut lesbaren und einfachen Stil. Lesefreundlichkeit erreichen Sie, indem Sie:

- kurze Sätze bilden – und Bandwurmsätze vermeiden
- mehr Verben benutzen – anstatt den Substantivstil zu kultivieren
- lebendig und persönlich formulieren – und den distanzierten Kanzleistil vermeiden
- aussagekräftig formulieren – und nichtssagende Floskeln weglassen
- aktiv statt passiv formulieren

3

MYTHOS

Kein Mensch liest das Anschreiben!
Es kommt nur auf Noten und Zeugnisse an!

→ Ja, es gibt Unternehmen, die ihre Mitarbeiter anhand dieser Kriterien auswählen, und Positionen, bei denen diese die zentrale Rolle spielen. Aber die meisten Unternehmen achten zunehmend auf die Persönlichkeit der Bewerber, um diejenigen zu identifizieren, die nicht nur aufgrund ihrer fachlichen Kompetenzen, sondern auch als Menschen ins Team und ins Unternehmen passen. Und da ist ein gutes Anschreiben als erste Informationsquelle sehr hilfreich.

Das optische Erscheinungsbild

Natürlich zählen in erster Linie die Inhalte. Aber in die Entscheidung, welche Bewerber in die engere Wahl kommen und zu einem Gespräch eingeladen werden, fließen viele »kleine« Kriterien ein: Auch das optische Erscheinungsbild spielt dabei eine Rolle. Ganz besonders dann, wenn die angestrebte Position einen guten Blick für Details und Gespür für Ästhetik erfordert, sollten Sie unbedingt großen Wert auf das äußere Erscheinungsbild legen.

Papier

Sie können ruhig ganz normales 80-g-Papier verwenden – das ist vollkommen in Ordnung. Wenn Sie Ihrem Anschreiben, das ja das Herzstück Ihrer Bewerbung darstellt, aber etwas mehr »Gewicht« verleihen möchten, können Sie auch etwas dickeres Papier verwenden (90- oder 100-g-Papier). Das Papier sollte jedoch immer dezent wirken und im Hintergrund bleiben: Am besten eignen sich cremefarbene Töne oder auch ein schönes Grau.

Achten Sie darauf, dass der Text einwandfrei ausgedruckt wird (dass die Tinte nirgends zerläuft, einzelne Buchstaben heller erscheinen und so weiter) und überall gut lesbar ist.

TIPP

→ Sie können ein bisschen Farbe ins Anschreiben bringen und beispielsweise den Betreff oder ein Detail des Briefkopfes farbig ausdrucken. Wichtig ist, dass die Farben dezent sind und zum Rest der Mappe passen.

Layout und Schrift

Es ist sehr wichtig, dass Sie die ganze Seite gleichmäßig nutzen und den Text harmonisch verteilen. Wenn Ihr Anschreiben zwei Seiten umfasst, sollte nicht die erste Seite voll gequetscht sein und auf der zweiten Seite nur die Verabschiedung stehen.

Um ein angenehmes Schriftbild zu erreichen und den Empfänger optisch zum

Lesen einzuladen, sollten Sie den Text auch nicht zergliedern, das heißt nicht zu viele kleine Absätze machen. Und überfrachten Sie die Seite nicht mit Mehrfachformatierungen: Hervorhebungen (fett, kursiv, unterstrichen ...) sollten generell nur sparsam eingesetzt werden – der Text muss von sich aus so aussagekräftig sein, dass etwaige Betonungen bereits aus der Formulierung hervorgehen. Außerdem sollten Sie immer nur eines dieser Stilmittel verwenden, also entweder fett oder kursiv oder unterstrichen.

Zur Anordnung Ihres Textes: Empfehlenswert ist es, den Text linksbündig zu schreiben. Beim oft verwendeten Blocksatz gibt es sehr häufig große Lücken im Text, die nicht besonders ästhetisch sind und sich oftmals auch nicht durch Trennungen vermeiden lassen. Abgesehen davon ist der Flattersatz (also ungleichmäßige Zeilenenden) meist leichter lesbar. Der Zeilenabstand sollte einzeilig sein. Eineinhalbzeiliger Abstand zieht das Anschreiben nur künstlich in die Länge.

Bei der Wahl der Schriftart haben Sie freie Hand. Wichtig ist allerdings auch hier, dass sie

- gut lesbar (keine Schnörkelschriften, nicht zu verspielt) und
- angenehm fürs Auge (also Schriftgröße 11 oder 12 Punkt) ist.

Am besten bleiben Sie bei einer einzigen Schriftart (ansonsten gilt die Faustregel: nicht mehr als drei verschiedene Schrifttypen). Wenn Sie etwas variieren möchten, können Sie das auch in derselben Schriftart tun, etwa indem Sie den Betreff größer und fett drucken.

Mit einer Standardschrift wie Arial oder Times New Roman liegen Sie immer richtig. Es gibt aber keinen Zwang, diese Schriften zu verwenden. Ausnahme ist die E-Mail-Bewerbung, wo Standardschriften empfehlenswert sind (→ Seite 120). Übrigens: Für den Schriftverkehr gibt es offizielle Empfehlungsrichtlinien. Die Schreib- und Gestaltungsregeln für Korrespondenz sind in der DIN 5008 zusammengefasst und als Broschüre zu kaufen.

Die Bestandteile des Anschreibens

Jetzt geht es um die konkreten Bestandteile des Anschreibens, vom Absender über den Betreff bis zur Unterschrift und dem Anlagenvermerk. Sie werden wahrscheinlich staunen, was es bei den einzelnen Punkten alles zu beachten gilt.

Der Absender

In der Regel stehen Ihre Absenderdaten komplett auf dem Blatt ganz oben – entweder in traditioneller Art neben und/oder untereinander oder in Form eines Briefkopfes (→ siehe Muster Seite 77 f.). Auch wenn Sie einzelne Angaben an anderer Stelle machen, beispielsweise auf einem Deckblatt, sollten Sie sie hier wiederholen. Lassen Sie den Personalentscheider nicht suchen! Folgende Angaben gehören in jedes Anschreiben:

- Vorname und Name (eventuell auch der akademische Grad)
- Straße und Hausnummer
- Postleitzahl und Ort
- Telefon, Fax (wenn vorhanden)
- Mobilnummer (sofern Sie unterwegs in Ruhe und konzentriert telefonieren können)
- E-Mail-Adresse (wenn Sie Ihre Nachrichten mindestens einmal täglich abrufen)

TIPP

Telefonnummern

→ Telefonnummern wurden gemäß Gestaltungsempfehlungen der DIN 5008 früher zweistellig von hinten gruppiert und können nun hintereinander weggeschrieben werden, zum Beispiel: (0 89) 1 23 45 beziehungsweise 089 12345. Wir empfehlen jedoch nach wie vor die erste Variante, weil sie einfach übersichtlicher ist.

Achtung: Zwischen den einzelnen Angaben stehen keine Leerzeilen – auch nicht zwischen Straße und PLZ/Ort.

Der Empfänger

Bitte achten Sie penibel darauf, dass Sie die Empfängeranschrift rundherum korrekt geschrieben haben: von der Firma über den Namen des Empfängers bis hin zur Postleitzahl. So stellen Sie sicher, dass Ihre Unterlagen schnell am Zielort ankommen – und dass Sie nicht wegen Unachtsamkeit einen schlechten ersten Eindruck hinterlassen.

Format der Empfängeranschrift

Im so genannten Anschriftenfeld wird die komplette Empfängeranschrift angegeben. Außerdem können Sie in der ersten Zeile besondere Vermerke machen (zum Beispiel »Eilpost« oder »persönlich«). Dabei sollten Sie Folgendes beachten:

- Ein »z. Hd.« oder »z. H.« vor dem Namen des Empfängers ist veraltet und wird nicht mehr verwendet – auch wenn man es immer wieder in Stellenanzeigen sieht.
- Zwischen Straße und PLZ/Ort kommt eine Leerzeile.
- Das Land beziehungsweise das Länderkennzeichen vor PLZ und Ort brauchen Sie nur anzuführen, wenn Sie sich ins Ausland bewerben.
- Der Ort wird weder unterstrichen noch fett oder in Großbuchstaben geschrieben. Ausnahme sind Briefe ins Ausland (Regelungen gemäß DIN 5008).

Der Empfängername

In den allermeisten Stellenanzeigen wird der Name des Ansprechpartners genannt. Bitte adressieren Sie Ihr Anschreiben unbedingt an die genannte Person – und nicht nur an die Firma oder beispielsweise an »Personalabteilung«. Darauf sollten Sie achten:

- Schreiben Sie nie einfach nur den »nackten« Namen hin, sondern benutzen Sie immer eine Anrede (Herr oder Frau, nicht aber Fräulein). Das ist einfach höflicher.
- Schreiben Sie den ganzen Namen (also Vornamen und Familiennamen), wenn er Ihnen bekannt ist. Der Empfänger fühlt sich dann stärker persönlich angesprochen.
- Schreiben Sie den Empfängernamen unbedingt richtig!

MUSTER

Gestaltung des Anschriftenfeldes

Maier und Partner GmbH
Herrn Michael Maier
Balanstraße 52

81669 München

persönlich
Müller & Partner
Frau Anna Maier
Balanstraße 58

81669 München

Müller GmbH
– Personalbteilung –
Frau Huber
Balanstraße 55

81669 München

Sofern Sie Ihre Unterlagen in einem Fensterkuvert verschicken:

Maria Huber, Frankfurter Ring 2, 88869 München
Maier und Partner GmbH
Herrn Michael Maier
Balanstraße 52

81669 München

Übrigens: Wenn in der Anzeige ein Titel angegeben ist, sollten Sie diesen auf keinen Fall unter den Tisch fallen lassen. Berufs- oder Amtsbezeichnungen gehören neben die Anrede:

Herrn Rechtsanwalt
Hans Meier

und akademische Grade gehören unmittelbar vor den Namen

Frau
Dr. Ilse Müller

Das Datum

Das aktuelle Datum sollte nicht fehlen. Üblich ist es, das Datum rechtsbündig zu setzen, und zwar etwa auf Höhe zwischen Empfängeranschrift und Betreff. Doch hier gibt es kein »Gesetz«. Wenn Sie das Datum lieber ganz nach rechts oben setzen oder linksbündig schreiben, tun Sie das. Die moderne Datumsangabe – also ohne veraltete Elemente – besteht schlicht und einfach aus dem Datum selbst, das heißt ohne Ortsangabe. Der Ort wird nur angegeben, wenn er aus der Absenderadresse nicht eindeutig hervorgeht. Auch Unternehmen/Organisationen, in deren Briefkopf mehrere Filialen angeführt sind, geben den Ort an. Übrigens: Das »den« bei der Datumsangabe ist seit langem veraltet.

Varianten der Datumsangabe

Sie können zwischen der numerischen und der alphanumerischen Variante wählen. Für beide gibt es eindeutige Regeln – das Wichtigste ist allerdings, dass keine Missverständnisse auftreten. Bei der numerischen Variante können Sie entweder die Reihenfolge Jahr, Monat und

Tag wählen – in diesem Falle werden die einzelnen Bestandteile durch einen Bindestrich (ohne Punkt) miteinander verbunden. Monat und Tag werden zweistellig angegeben, das Jahr nur dann, wenn die Sache eindeutig ist:

2003-12-05
03-12-20

Oder Sie können sich für die traditionelle Schreibweise entscheiden, sprich die Reihenfolge Tag, Monat und Jahr – und diese jeweils durch einen Punkt (ohne Leerzeichen) voneinander trennen:

05.12.2003
20.12.03

Bei der alphanumerischen Variante wird der Monat als Wort (komplett oder abgekürzt), der Tag einstellig und die Jahreszahl vierstellig geschrieben – mit Leerzeichen zwischen den einzelnen Elementen:

5. Dezember 2003
20. Dez. 2003

TIPP

Wichtig

→ Ganz besonders wenn Sie sich in den Bereichen Sekretariat oder Sachbearbeitung bewerben, sollten Sie hier beweisen, dass Sie auf der Höhe der Zeit und mit allen gängigen Regeln bestens vertraut sind.

Der Betreff

Der Betreff soll dem Empfänger in ein paar aussagekräftigen Stichworten vermitteln, worum es sich im Brief handelt. Er wird linksbündig geschrieben – zwischen Empfängerfeld und Anrede – und kann auch mehrere Zeilen lang sein. Das Wort »Betreff« wird heute nicht mehr extra erwähnt.

Wie sieht ein Betreff aus?

Der Betreff leitet das Anschreiben gewissermaßen ein und steht zwischen Empfängeradresse und Anrede. Bitte achten Sie auf genügend Abstand, damit die Seite auch optisch was hermacht und nicht voll gestopft beziehungsweise unstrukturiert wirkt. Zwischen Betreff und Anrede zwei Leerzeilen einzufügen macht Sinn und entspricht auch der DIN-Norm. Seien Sie aber ruhig flexibel mit den Abständen vor und nach dem Betreff (außer Sie bewerben sich in einem Beruf, wo Sie feste Regeln einhalten und kennen müssen!): Sie können dadurch sehr schön das Gesamtlayout steuern und vermeiden, dass Ihr Text zu weit oben hängt oder gequetscht wirkt. Übrigens: Am Ende des Betreffs steht kein Punkt.

Mit einem aussagekräftigen Betreff zeigen Sie einmal mehr, dass Sie auch auf Details achten

3

Sie können den Betreff auch durch Fettschrift oder eventuell durch Farbe hervorheben. So bringen Sie zum einen etwas Struktur und Abwechslung in das Anschreiben. Zum anderen wird der Blick des Lesers gezielt auf den Betreff gelenkt, der für den Empfänger sehr wichtig ist.

Was kann/muss in den Betreff?

Da der Betreff dem Empfänger die Zuordnung erleichtern soll, ist ein Betreff wie »Bewerbung«, »Bewerbungsunterlagen« oder »Initiativbewerbung« nicht aussagekräftig genug. Denn so muss das ganze Anschreiben gelesen werden, um herauszufinden, um welche Stelle/welchen Aufgabenbereich es überhaupt geht und an wen die Unterlagen weitergeleitet werden sollen.

Geben Sie im Betreff daher immer an, für welche Stelle oder für welchen Bereich Sie sich bewerben (→ Muster Seite 77 ff.). Das gilt auch für Initiativbewerbungen: Bitte machen Sie klar, für welche Position oder

– falls das nicht möglich ist – für welche Abteilung/welchen Aufgabenbereich Sie sich interessieren. Ist in der Anzeige eine Kennziffer erwähnt, führen Sie diese bitte ebenfalls an.

Zusätzlich zu diesen Informationen können Sie auch erwähnen, wie Sie auf das Unternehmen/die Position aufmerksam geworden sind. Das ist zwar kein Muss, für den Empfänger aber durchaus eine interessante Zusatzinformation.

Die Anrede

Die Anrede dient dazu, den Empfänger direkt anzusprechen und Kontakt aufzunehmen. Bitte vergessen Sie niemals die Anrede und achten Sie darauf, dass der Name des Adressaten stimmt.

Die Anrede steht unter dem Betreff und wird durch eine Leerzeile vom Text des Briefes getrennt. Nach der Anrede steht ein Komma (kein Punkt oder Ausrufezeichen) – deshalb wird der Anschreibentext klein begonnen, es sei denn, er beginnt mit der Höflichkeitsform Sie.

Wie eine moderne Anrede aussieht

Auch wenn sie etwas förmlich und distanziert klingen, werden die Formulierungen »Sehr geehrte Frau .../Sehr geehrter Herr ...« beziehungsweise »Sehr geehrte Damen und Herren« nach wie vor am häufigsten verwendet – und dagegen ist auch nichts einzuwenden. Mit diesen Anredeformen können Sie nichts falsch machen.

Wenn es zu Ihrer Persönlichkeit und zum Unternehmen passt, bei dem Sie sich bewerben, können Sie aber auch etwas weniger förmlich auftreten und eine lockerere Anrede wählen. Zum Beispiel:

- Guten Tag, Herr Huber,
- Hallo, sehr geehrte Frau Maier,
- Hallo Herr Müller,

Da die letzte Variante doch schon recht persönlich und locker ist, bietet sie sich vor allem dann an, wenn Sie bereits im Vorfeld in Kontakt miteinander waren. Ganz besonders natürlich, wenn der Austausch positiv, freundlich und interessant war. Knüpfen Sie daran an und nutzen Sie diese Tatsache, um gleich in der Anrede einen persönlichen Tonfall anzuschlagen. In diesem Fall wirkt es eher merkwürdig, mit einem distanzierten »Sehr geehrte Frau XY/Sehr geehrter Herr XY« angesprochen zu werden.

Was man beim Empfängernamen beachten sollte

Wenn Ihnen der Name des Ansprechpartners bekannt ist (entweder aus der Anzeige oder weil Sie ihn über die Homepage oder telefonisch herausgefunden haben), sollten Sie ihn auf jeden Fall in die Anrede einbauen. Sehr wichtig ist, dass Sie den Namen richtig schreiben und einen akademischen Grad nicht einfach unter den Tisch fallen lassen. Das unpersönliche »Sehr geehrte Damen und Herren« sollten Sie nur verwenden, wenn Sie den Namen Ihres Ansprechpartners nicht herausfinden können.

Ein echter Fauxpas ist es, den Empfänger mit einem komplett falschen Namen anzusprechen – weil man ein anderes Anschreiben als Vorlage verwendet und vergessen hat, den ursprünglichen Namen zu überschreiben. Bitte kontrollieren Sie Ihr Anschreiben vor dem Verschicken diesbezüglich noch einmal sehr genau.

Der Einstiegssatz

»Wie soll ich bloß anfangen?!«, fragen sich viele Bewerber. Tatsächlich hat es der Anfang des Anschreibens besonders in sich: Denn es ist die prominenteste Stelle und ein guter Einstieg weckt nun mal mehr Interesse als einer, den man schon hundert Mal gelesen hat und dessen Informationsgehalt nicht besonders hoch ist.

Keine Sorge: Damit ist keinesfalls gemeint, dass Sie verbale Knaller reinbringen und aus dem Rahmen fallen sollen, um sich ja von den Mitbewerbern abzuheben. Vielmehr geht es »nur« darum, die weit verbreiteten Floskeln und wenig aussagekräftigen Einstiegssätze zu vermeiden beziehungsweise sich nicht auf sie zu beschränken, und darum, den Platz mit echten und individuell zugeschnittenen Inhalten zu füllen, um dem Empfänger glaubhaft zu vermitteln, dass Sie ihn meinen und ansprechen, das jeweilige Unternehmen meinen, die jeweilige Position/Aufgabe meinen und nicht irgendeinen Job in einem x-beliebigen Unternehmen.

Typische Schwachstellen und Fehler

Die Hauptgründe, warum Bewerber ihr Anschreiben oft zu schwach oder uninteressant beginnen, sind folgende: Entweder ist ihnen überhaupt nicht klar, wie wichtig diese ersten Zeilen sind. Oder sie wissen einfach nicht, was sie schreiben und wie sie es formulieren sollen, um nicht »angeberisch« zu klingen. Deshalb greifen viele zu vorgefertigten und unverfänglichen Sätzen, die sie entweder aus Musterbriefen kopieren oder von Bekannten übernehmen. Hier die häufigsten Schwachstellen in Einstiegssätzen:

- Es werden Dinge erwähnt, die offensichtlich sind – und zwar ohne weiteren Kommentar. »Hiermit bewerbe ich mich bei Ihnen als XXX und sende Ihnen meine kompletten Unterlagen zwecks Prüfung zu.«
- Der Bewerber beschränkt sich darauf, Selbstverständliches zu erwähnen. »Ich interessiere mich für die auf Ihrer

TABU

- Verschwenden Sie die prominenteste Stelle Ihres Anschreibens nicht mit leeren Sätzen wie »hiermit möchte ich mich für die Stelle als XXX bewerben, von der ich aus Ihrer Anzeige in XXX erfahren habe ...«. Zum einen erfährt man hier nur etwas, was schon aus dem Betreff hervorgehen sollte, und zum anderen hat man den Eindruck, dass es ein Serienbrief ist.

Homepage ausgeschriebene Position und bewerbe mich deshalb als XXX.« »Ihre Anzeige in der FAZ vom XXX hat mich sehr angesprochen. Da ich auf der Suche nach einer neuen Herausforderung bin, bewerbe ich mich hiermit bei Ihrem Unternehmen.« »Mit Interesse habe ich gelesen, dass Sie einen XXX suchen. Da ich die genannten Anforderungen erfülle, bewerbe ich mich hiermit bei Ihnen.«

→ Etliche Bewerber lassen ein Telefongespräch oder einen E-Mail-Kontakt, den sie mit dem Personalentscheider selbst oder einer anderen Person im Unternehmen hatten, völlig unter den Tisch fallen. Andere erwähnen den persönlichen Kontakt nur beiläufig, schreiben sehr spartanisch und in einem distanzierten Tonfall, beispielsweise so: »Sehr geehrte Frau XY, wie im gestrigen Telefongespräch vereinbart, schicke ich Ihnen heute meine kompletten Bewerbungsunterlagen zu.« Das ist schade: Denn sehr wahrscheinlich befasst sich ein Personalverantwortlicher intensiver mit einer Bewerbung, wenn er persönlich angesprochen wird und sich an die Person erinnert.

Bitte halten Sie sich immer vor Augen, dass es ein Mensch aus Fleisch und Blut ist, der Ihr Anschreiben in die Hände bekommt. Und dass dieser – ganz besonders, wenn er Dutzende oder gar Hunderte von Bewerbungen zu sichten hat – sich höchstwahrscheinlich auf die Anschreiben stürzt, die nicht mit 08/15-Floskeln beginnen.

Varianten, wie man beginnen kann

Wie bereits erwähnt: Sie wecken mehr Interesse und erhöhen Ihre Chancen, wenn Ihr Anschreiben, und zwar beginnend mit dem ersten Satz, tatsächlich »Ihr« Anschreiben ist – und nicht beliebig austauschbar. Um den Einstieg individuell zu gestalten, können Sie mit einem der folgenden Themen beginnen und kurz darauf eingehen:

→ Was Sie am Unternehmen interessiert/reizt: »Mit Freude habe ich gelesen, dass Sie erfahrene und engagierte neue Mitarbeiter im Vertrieb und Marketing suchen, die neben fachlichem Know-how auch Leidenschaft für ihren Beruf mitbringen. Da ich von der Qualität Ihrer Produkte überzeugt bin und ich es sehr schätze, dass Sie dem Motto ›Qualität vor Quantität‹ immer treu geblieben sind, würde ich Ihr Team sehr gerne verstärken.«

- Warum Sie die Position reizvoll finden: »Gerne würde ich Ihr Team als Archivleiterin unterstützen und weiterhin auf Erfolgskurs halten. Aus jahrelanger Erfahrung – in der traditionellen wie der digitalen Archivierung – weiß ich, wie wichtig ein gut strukturiertes und benutzerfreundliches Archiv für die reibungslose interne Zusammenarbeit und den bestmöglichen Kundenservice ist. Die Möglichkeit, gemeinsam mit einem eingespielten Team den gesamten Archivbestand neu zu organisieren, reizt mich sehr.«
- Warum Sie davon überzeugt sind, ein guter Bewerber zu sein: »Sie suchen eine engagierte und freundliche Sachbearbeiterin, die ihren Bereich selbstständig managt und über eine ausgesprochene Servicementalität verfügt. Ich arbeite bereits zehn Jahre in diesem Beruf und stelle immer wieder fest, dass die Kombination von administrativen Aufgaben und Kundenkontakt für mich ideal ist. Denn einerseits arbeite ich sehr strukturiert und erledige auch Routinearbeiten mit Freude – andererseits habe ich sehr gerne mit Menschen zu tun, helfe gerne weiter und kann gut beraten.«

TIPP

- Natürlich können Sie einen »traditionellen« Einstieg wählen und Ihr Anschreiben damit einleiten, wie Sie auf die Stelle aufmerksam geworden sind und dass Sie die Anzeige mit großem Interesse gelesen haben. Aber bitte belassen Sie es nicht dabei und lassen Sie solche Sätze nicht einfach in der Luft hängen, sondern erklären Sie kurz, was sich genau hinter Ihrem Interesse verbirgt.

Wenn Sie bereits in irgendeiner Form Kontakt mit dem Unternehmen hatten, sollten Sie ihn auf jeden Fall ins Spiel bringen. Beispielsweise so:

»Ich möchte mich nochmals für das angenehme und interessante Telefongespräch mit Ihnen bedanken und dafür, dass Sie sich so viel Zeit für die Beantwortung meiner Fragen genommen haben. Sie haben meinen Eindruck, dass in Ihrem Unternehmen Professionalität und Freundlichkeit wirklich gelebt werden, absolut bestätigt. Sehr gerne würde ich Ihr Team in der Buchhaltung verstärken: mit meinem fundierten fachlichen Know-how und meiner Freude daran, eng und gut mit anderen zusammenzuarbeiten.«

Beginnen Sie Ihr Anschreiben mit Informationen, die für den Empfänger interessant sind

Übrigens: Bleiben Sie ehrlich und verwenden Sie Begriffe wie »angenehm« und »informativ« nur dann, wenn Sie es auch so meinen. Es reicht auch, wenn Sie sich einfach nur für das Gespräch bedanken.

3

Der Hauptteil des Anschreibens

Auf den Einstieg folgt – mit einer Leerzeile dazwischen – der Hauptteil des Anschreibens, in welchem Sie sich selbst präsentieren und erzählen, was Sie zu bieten haben. Nutzen Sie den Platz, um sich mit Ihrem Werdegang und Ihren fachlichen wie persönlichen Kompetenzen vorzustellen – und zwar individuell zugeschnitten auf die jeweilige Position/das jeweilige Unternehmen.

Den Werdegang kurz erzählen

»Warum soll ich das Ganze denn nochmal im Anschreiben erzählen, das ergibt sich doch alles aus dem Lebenslauf?«, werden Sie sich jetzt vielleicht fragen. Das sollen Sie ja auch nicht: Es geht keinesfalls darum, die Informationen im Lebenslauf einfach im Anschreiben zu wiederholen – das wäre tatsächlich reine Platzverschwendung und würde beim Leser nicht gerade einen starken Eindruck machen.

Was Sie über Ihren Werdegang schreiben, ist für den Empfänger in mehrerer Hinsicht interessant. Abgesehen von den direkten Inhalten kann er daraus schließen, ob Sie sich mehr oder weniger Mühe mit dem Anschreiben gemacht haben, wie sehr Sie sich mit der angestrebten Position auseinander gesetzt haben, ob Sie wissen, welche Ihrer bisherigen Erfahrungen am relevantesten sind, und wie Sie sich selbst sehen und präsentieren (fachlich wie persönlich)

Sie haben verschiedene Möglichkeiten, wie Sie Ihren Werdegang darstellen können. Welche am sinnvollsten ist, hängt davon ab, wie lange Sie schon im Berufsleben stehen beziehungsweise wie viele Stationen Sie durchlaufen haben – und natürlich von der Position, auf die Sie sich bewerben. Sie können:

1 GANZ AM ANFANG BEGINNEN, zum Beispiel mit Ihrer Ausbildung oder mit dem Zeitpunkt/Erlebnis, als Ihr Interesse für das Fachgebiet oder die Tätigkeit geweckt wurde: »Schon während der Schulzeit interessierte ich mich brennend für technische Themen und

MYTHOS

Das Anschreiben darf nur eine Seite lang sein!

→ Was sicherlich stimmt, ist, dass die meisten Bewerber mit einer Seite gut auskommen. Und natürlich ist es wichtig, den Personalentscheider nicht mit überflüssigen oder aufgebauschten Informationen zu belasten. Wenn Sie aber tatsächlich etwas Relevantes zu sagen haben, dann ist es sehr viel besser, eine zweite Seite zu nutzen, als wirklich wichtige Informationen unter den Tisch fallen zu lassen, eine zu kleine Schriftgröße zu wählen (weniger als 11 Punkt) oder das Ganze zusammenzupressen, um ja alles auf einer Seite unterzubringen.

verbrachte einen Großteil meiner Freizeit an meinem PC.« Diese Variante ist besonders für Berufsanfänger und Umsteiger geeignet, aber natürlich auch für Leute, die ihren Ausbildungsberuf ausüben oder »schon immer« im gleichen Bereich tätig waren und es auch weiterhin bleiben möchten.

2 MIT IHRER ERSTEN BERUFLICHEN POSITION ANFANGEN und sich dann chronologisch bis zur aktuellen/letzten Tätigkeit »vorarbeiten«: »Während meiner zweijährigen Tätigkeit für die Agentur XY habe ich einen sehr guten Einblick in die verschiedensten Bereiche und Tätigkeiten bekommen. Da ich mich grundsätzlich leicht und schnell in neue Aufgaben einarbeite, sehr vielseitig interessiert und flexibel bin, wurde ich von Anfang an als ›Springer‹ eingesetzt. Dieses breite Erfahrungsspektrum konnte ich dann bei XY vertiefen und erweitern.« Dieser Aufbau ist immer dann geeignet, wenn Sie einen geradlinigen Lebenslauf und nicht so oft gewechselt haben: So können Sie Ihre langjährige Erfahrung sichtbar machen und betonen.

3 MIT IHRER LETZTEN/AKTUELLEN POSITION BEGINNEN und sich dann nach hinten »vorarbeiten«: »Seit fünf Jahren leite ich in der deutschen Filiale eines internationalen Medienunternehmens das Bildarchiv und bin sowohl für die optimale Verwaltung des kompletten Bildbestandes und das reibungslose Funktionieren des Tagesgeschäfts als auch für ein Team von 15 Mitarbeitern verantwortlich. Diese Führungsposition wurde mir nach zweijähriger Tätigkeit als Bilddokumentarin anvertraut, da ich mir aufgrund meines fachlichen Know-hows und meines Fingerspitzengefühls im Umgang mit Menschen ein sehr gutes Image bei Vorgesetzten wie Kollegen erworben hatte. Das fundierte Fachwissen und die praktischen Erfahrungen in systematischer und benutzerfreundlicher Archivierung, die ich von Anfang an einbringen konnte, hatte ich mir während meiner vierjährigen Tätigkeit im Bildarchiv von XY angeeignet.« Dieser Aufbau ist günstig, wenn Sie Karriere gemacht haben – beispielsweise als Sachbe-

arbeiter begonnen haben, dann zum Abteilungsleiter aufgestiegen sind und sich jetzt als Führungskraft bewerben. Oder wenn Sie sich beruflich verändert, also ursprünglich eine andere Ausbildung gemacht oder in einem ganz anderen Bereich begonnen und sich dann umorientiert haben.

4 AUCH EINEN GANZ ANDEREN AUFBAU WÄHLEN und Ihre fachlichen Kompetenzen als strukturierendes Element nutzen (→ Seite 65).

Wie gesagt: Das Anschreiben soll keine Kopie des Lebenslaufs sein, sondern eine kurze Zusammenfassung Ihres Werdegangs, in der Sie auf den Punkt kommen und Ihre Erfahrung kompakt präsentieren. Ob Sie auf alle beruflichen Stationen eingehen, hängt von der Länge Ihres Lebenslaufs ab und davon, wie relevant sie für die angestrebte Position sind. Meistens ist es am sinnvollsten, nur einzelne Positionen näher zu beleuchten – und die übrigen eventuell zusammenzufassen.

Die fachlichen Kompetenzen rüberbringen

Viele Bewerber beschränken ihre Selbstdarstellung auf Sätze wie »Alle in der Anzeige genannten Anforderungen erfülle ich sehr gut.« Oder: »Da mein Werdegang und meine Erfahrungen mit dem Anforderungsprofil übereinstimmen, bin ich sicher, dass ich gut in Ihr Unternehmen passen würde.« Das mag ja alles stimmen: Eine aussagekräftige und individuelle Präsentation der eigenen Person sieht so allerdings nicht aus.

Wenn Sie das Anschreiben nicht nutzen, um Ihre Erfahrungen und Kompetenzen aus Ihrer Sicht zu schildern und schwarz auf weiß mitzuteilen, was Sie zu bieten haben, vergeben Sie viele Chancen. Erstens »unterschlagen« Sie wichtige Informationen und zeigen viel weniger Profil, als Sie könnten. Zweitens entsteht leicht der Eindruck, dass Sie sich nicht allzu viel Mühe mit der Bewerbung gemacht haben.

Wenn Sie gute Vorarbeit geleistet haben, wissen Sie genau, welche fachlichen Anforderungen jeweils gestellt werden und welche davon Sie erfüllen. Natürlich müssen Sie im Anschreiben nicht auf alles eingehen – das ist schon rein aus Platzgründen meist auch gar nicht möglich – aber die zentralen Kompetenzen beziehungsweise die Bereiche, in denen Sie besonders viel Erfahrung haben oder sehr gut sind, sollten Sie auf jeden Fall zur Sprache bringen. Hier einige Vorschläge, wie Sie dabei vorgehen können:

→ Flechten Sie in der Schilderung Ihres Werdegangs bei jeder einzelnen beruflichen Station die jeweiligen fachlichen Kompetenzen ein: »In meiner ersten Stelle als Bilddokumentarin machte ich mich intensiv mit den Prinzipien guter und systematischer Archivierung von Bildmaterial vertraut. Sowohl mein Fachwissen als auch meine praktischen Erfahrungen konnte ich später sehr erfolgreich einsetzen, als im Rahmen von Umstrukturierungsmaßnahmen das Bildarchiv von Grund auf umgebaut und komplett neu organisiert wurde. Um mich mit der ›Digitalen Welt‹ vertraut zu machen, die damals noch in den Kinderschuhen steckte, wechselte ich zum internationalen Unternehmen XY…«

→ Gehen Sie von den wichtigsten fachlichen Kompetenzen aus und erzählen Sie, wo Sie diese erworben und erfolgreich eingesetzt haben: »Mit Archivierungsmethoden von Bildmaterial bin ich bestens vertraut: Ich habe über fünf Jahre in analogen Archiven gearbeitet und

TIPP

→ Bringen Sie einen roten Faden in »Ihre Geschichte«. Das ist viel besser, als nur einzelne Stationen aufzuzählen: Erstens liest es sich flüssiger und zweitens bringen Sie so Struktur in Ihren Werdegang. Ein Beispiel: »Seit sechs Jahren arbeite ich als Office Managerin in einem internationalen Medienunternehmen. Hier konnte ich meine langjährigen Erfahrungen als Sekretärin einbringen und stark ausbauen.«

dann die digitale Umstellung und Erfassung des gesamten Bildbestandes aktiv mitgestaltet.«

→ Hängen Sie eventuell einen zusätzlichen Absatz über weitere fachliche Qualitäten an: »Da ich in einem internationalen Unternehmen gearbeitet und regelmäßig mit meinen Kollegen in London kommuniziert habe, spreche ich fließend Englisch. Ich kann sehr gut mit allen Programmen des MS-Office-Paketes umgehen, ganz besonders mit Excel.«

Übrigens: Es muss nicht immer nur Fließtext sein, Sie können auch mit Gliederungspunkten arbeiten und einige fachliche Kompetenzen stichwortartig anführen (→ Muster Seite 78).

Und wenn ich bestimmte Anforderungen nicht erfülle?

TABU

→ »Informationen über meinen Werdegang und meine Kompetenzen entnehmen Sie bitte den beigefügten Anlagen.« Solche und ähnliche Sätze sollten Sie unbedingt vermeiden. Zum einen weiß der Empfänger das und zum anderen vermitteln Sie so, dass der Personalentscheider sich die relevanten Informationen selbst zusammensuchen soll – und dass Sie nicht sehr viel über sich selbst zu sagen haben.

Eine Bewerbung macht prinzipiell nur dann Sinn, wenn Sie die zentralen Voraussetzungen erfüllen und die Defizite nicht zu groß sind. So kommt beispielsweise eine Stelle als Sekretärin, für die fundierte Erfahrung in allen klassischen Sekretariatsaufgaben erforderlich ist, nicht für jemanden infrage, der weder das Zehn-Finger-System beherrscht noch Erfahrung im Umgang mit dem PC hat.
Sind die Lücken und Defizite nicht fundamentaler Art, können Sie diese wettmachen, indem Sie sich grundsätzlich gut präsentieren und bestimmte Kompetenzen betonen. Wird beispielsweise eine Sekretärin gesucht, zu deren Aufgaben neben den klassischen Sekretariatsaufgaben die

Organisation von Meetings sowie von Messen und Events gehört und Sie haben aber bisher noch keine Messen und Events organisiert, dann können Sie das wettmachen, indem Sie:

- all Ihre fachlichen Kompetenzen schildern und sich mit Ihrer gesamten Erfahrung präsentieren
- sich mit Ihren persönlichen Stärken greifbar machen und hervorheben, dass Sie sich schnell und gerne in neue Gebiete einarbeiten

Möglicherweise ist die Aussicht, auch die Organisation von Messen und Events übernehmen zu können, Ihre Motivation, sich bei dem Unternehmen zu bewerben: Dann sollten Sie es explizit sagen.

Die persönlichen Kompetenzen darstellen

Da man in den Unternehmen weiß, wie sehr die persönlichen Kompetenzen ausschlaggebend dafür sind, ob jemand seinen Platz findet und ein guter Mitarbeiter wird, spielen diese bei der Auswahl neuer Mitarbeiter eine wichtige Rolle. Vergeben Sie hier keine Chancen, indem Sie nur halbherzig ein paar Schlagwörter aneinanderreihen.

Um Ihre persönlichen Kompetenzen zu präsentieren, haben Sie mehrere Möglichkeiten, die Sie auch miteinander kombinieren können:

Je aussagekräftiger Ihr Anschreiben ist, umso höher ist die Wahrscheinlichkeit, dass Sie einen guten Eindruck hinterlassen

- Lassen Sie ab und zu wertende Adjektive einfließen: »Schon nach einer Einarbeitungszeit habe ich den gesamten Einkauf eigenverantwortlich gemanagt.« »Ich habe kreative und genau auf die jeweiligen Kundenwünsche zugeschnittene Bildauswahlen zusammengestellt.«
- Führen Sie bei einzelnen Tätigkeiten und Aufgaben an, warum Sie erfolgreich waren: »Schon immer zählten gute organisatorische Fähigkeiten und ein ausgeprägter Sinn für klare Strukturen zu meinen Stärken.« »Da ich ein stark ausgeprägtes visuel-

3

les Vorstellungsvermögen habe, habe ich unsere Kunden in allen Fragen rund um geeignetes Bildmaterial immer gut beraten.«

→ Fassen Sie in einigen Sätzen Ihre wichtigsten persönlichen Kompetenzen zusammen: »Ich organisiere meine Arbeitsabläufe so, dass ich zügig und rationell arbeiten kann, und überlege mir immer, was ich verbessern könnte. Viele meiner Verbesserungsvorschläge wurden schon in unserer gesamten Abteilung umgesetzt.« »Da ich nicht nur meinen eigenen Bereich in Eigenregie managte und mein Fachwissen ständig erweiterte, sondern meine Erfahrungen jederzeit an meine Kollegen weitergab und von diesen sehr geschätzt wurde, wurde mir die Leitung des Teams und die komplette Personalverantwortung für fünf Mitarbeiter anvertraut.«

Eigene Ziele einfließen lassen

Sie können auch einflechten, welche Erwartungen und Vorstellungen Sie selbst haben oder welche Ziele Sie in der angestrebten Position gerne verwirklichen möchten. Vielleicht legen Sie besonderen Wert auf eine gute Arbeitsatmosphäre und darauf, dass wirklich konstruktiv im Team gearbeitet und offen kommuniziert wird. Vielleicht sind Ihnen Fortbildung und Aufstiegsmöglichkeiten wichtig. Das können Sie beispielsweise so ins Anschreiben einbauen: »Mich mit Interesse, Engagement und Freude in neue Bereiche einzuarbeiten, über den Tellerrand zu sehen und ständig dazuzulernen sind meine Stärken, die wesentlich zu meinem Erfolg beigetragen haben. Ein Arbeitsumfeld, in dem Lernfähigkeit und -bereitschaft geschätzt und gefördert werden, ist für mich sehr wichtig.«

Gezielt und individuell auf die Firma zuschneiden

Ein gutes Anschreiben erfüllt zwei Kriterien: Es stellt zum einen den Bewerber mit seinem Werdegang, seiner fachlichen Expertise und seiner Persönlichkeit dar und es ist zum anderen auf das jeweilige Unternehmen/die jeweilige Position und die spezifischen Erwartungen und Anforderungen zugeschnitten. Der Empfänger muss im gesamten Brief merken, dass er speziell für ihn verfasst wurde – und nicht für jedes »x-beliebige« Unternehmen.

Um die Aussagen im Anschreiben auf das jeweilige Unternehmen/die jeweilige Position individuell zuschneiden zu können, müssen Sie sich vorher mit der Anzeige, den Anforderungen, dem Unternehmen vertraut gemacht haben. Dann können Sie zur Tat schreiten und

- sich Ihre Motivation, sich bei diesem Unternehmen/auf diese Stelle zu bewerben, klar machen;
- gezielt auf die beruflichen Erfahrungen zu sprechen kommen, die relevant sind;
- die fachlichen Kompetenzen in den Mittelpunkt stellen, die für den Job wichtig sind;
- die persönlichen Kompetenzen erwähnen, die von Bedeutung sind.

Leider sind auch Stellenanzeigen nicht immer aussagekräftig und so gestaltet, dass Sie als Bewerber wirklich etwas damit anfangen können. Wenn Sie zu wenig Informationen haben, um ein gutes und maßgeschneidertes Anschreiben formulieren zu können, bietet es sich an, telefonischen Kontakt mit dem Unternehmen aufzunehmen und gezielt Fragen zu stellen. Denn erst dann können Sie entscheiden, ob die Position wirklich interessant für Sie ist.

TABU

- Versetzen Sie sich bitte in den Personalentscheider, der in vielen Anschreiben solche oder ähnliche Sätze zu lesen bekommt: »Meine persönlichen Stärken sind Ausdauer, Eigeninitiative und Belastbarkeit. Teamfähigkeit sowie gute soziale Kompetenzen sind Voraussetzungen für diese Position.« Das alles sind nur Allgemeinplätze, die im Grunde gar nichts über den Bewerber aussagen.

Der Eintrittstermin

Teilweise wird in Stellenausschreibungen ausdrücklich darum gebeten, den frühestmöglichen Eintrittstermin anzugeben – manchmal möchte man als Bewerber diese Angabe von sich aus machen. Das ist auch wichtig, insbesondere dann, wenn Sie entweder sofort anfangen können oder wenn Sie noch in Lohn und Brot stehen und Ihre Kündigungsfrist über Gebühr lange ist.

Der Hinweis auf den Eintrittstermin kommt am Ende Ihres Anschreibens, vor der Grußformel. Formulieren Sie einfach ganz direkt:

- »Mein frühestmöglicher Eintrittstermin ist der xx.«
- »Ich kann jederzeit bei Ihnen einsteigen und Ihr Team verstärken.«

Gerade wenn Sie sofort anfangen können, kann alleine diese Information schon ausschlaggebend dafür sein, dass man Sie einlädt. Bevor Sie also Ihren möglichen Eintrittstermin bewusst weiter nach hinten legen, um erst einmal noch etwas Urlaub zu machen, sollten Sie überlegen, wie wichtig Ihnen eine solche Auszeit ist. Eine Firma, die dringend eine Stelle besetzen muss, achtet durchaus auch darauf, ab wann ein Kandidat frühestens verfügbar ist. Selbstverständlich ist das nur ein Puzzlestein: Das Unternehmen muss natürlich grundsätzlich von Ihnen und Ihren Fähigkeiten überzeugt sein.

Führungskräfte oder Spezialisten haben oft außergewöhnlich lange Kündigungsfristen: Das kann beispielsweise ein halbes Jahr oder sogar noch mehr sein. In solchen Fällen ist es wichtig, gleich im Anschreiben darauf hinzuweisen – und das Unternehmen auf keinen Fall in dem Glauben zu lassen, dass Sie ihm bald zur Verfügung stehen können. Sofern Sie im Falle einer neuen Stelle das Arbeitsverhältnis früher lösen können, erwähnen Sie das bitte auch – natürlich nur, wenn Sie sich mit Ihrem aktuellen Arbeitgeber entsprechend verständigt haben!

Ihre Gehaltsvorstellungen

Wenn in der Stellenanzeige darum gebeten wird, die Gehaltsvorstellungen anzugeben, dann sollten Sie nicht einfach stillschweigend darüber hinweggehen. Das würde bedeuten, dass Sie eine direkt an Sie gerichtete Frage einfach ignorieren. Grundsätzlich haben Sie zwei Möglichkeiten:

- Entweder Sie nennen eine konkrete Summe oder
- Sie schreiben, falls Sie das auf keinen Fall tun wollen, dass Sie das Thema Gehalt gerne persönlich besprechen möchten.

Die Gründe, noch keine Gehaltsvorstellung zu nennen, sind aus Bewerbersicht durchaus verständlich. Abgesehen davon, dass Sie sich nicht ins Aus katapultieren möchten, haben Sie vielleicht schlichtweg keine Vorstellung (gerade Berufseinsteiger und Umsteiger tun sich hier oft schwer). Es kann sein, dass Sie sich geographisch verändern möchten und mit Gehaltslevel und Lebenshaltungskosten noch nicht vertraut sind. Oder dass Sie erst nähere Informationen über den genauen Aufgaben- und Verantwortungsbereich haben möchten, bevor Sie Ihre Gehaltsvorstellungen konkretisieren.

Dennoch ist es wichtig, dass Sie alles, was Sie für eine Entscheidung brau-

TIPP 3

Nicht ignorieren!

- Wenn Sie den Wunsch des Unternehmens ignorieren und das Thema Gehalt nicht erwähnen, dann tun Sie sich damit keinen Gefallen. Denn die Wahrscheinlichkeit ist sehr hoch, dass man Sie entweder als unhöflichen oder als schlampigen Menschen einstuft. Das Fehlen von Gehaltsvorstellungen kann auch so interpretiert werden, dass Sie »bestimmt viel zu teuer« sind und deshalb sofort aussortiert werden.

chen, möglichst vor Ihrer Bewerbung in Erfahrung bringen. So können Sie sich beispielsweise über Gehaltstabellen im Internet informieren, wie der Durchschnitt in bestimmten Regionen und Branchen/Positionen aussieht. Sie können Bekannte darauf sprechen, die aus dem Gebiet stammen, oder sich mit Berufs- beziehungsweise Branchenverbänden, der IHK oder Handwerkskammer in Verbindung setzen und entsprechende Informationen einholen. Sofern Sie sich erst zum Gehalt äußern möchten, wenn Sie Details über die Position erfahren haben, ist es wichtig, dass Sie sich im Vorfeld klar machen, in welchem Gehaltsbereich Sie sich bewegen möchten. Nur dann können Sie im Gespräch, wenn es ums Geld geht, auch aktiv agieren und sicher auftreten.

Wenn Sie klare Gehaltsvorstellungen haben, dann ist es sowohl in Ihrem Interesse als auch in dem des Unternehmens, diese anzugeben

Wo kommen die Gehaltsvorstellungen hin?

Der beste Platz für die Gehaltsvorstellungen ist im Anschluss an die Selbstpräsentation, also zwischen Hauptteil und Schluss/Verabschiedung. Natürlich können Sie die Angaben zum Gehalt auch nach dem Schluss(ab)satz und unmittelbar vor der Grußformel anführen. Aber es wirkt einfach sympathischer, wenn Sie das Anschreiben mit ein paar persönlichen Zeilen ausklingen lassen (siehe »Schlusssatz«) als mit diesen »harten Fakten«.

Wie kann man die Gehaltsvorstellungen formulieren?

Geben Sie Ihre Gehaltsvorstellungen als Jahresbruttogehalt an. Das ist nicht nur üblich, sondern verhindert auch Missverständnisse (zum Beispiel 12 Monatsgehälter oder 13?). Nicht sinnvoll ist, Ihre Nettogehaltsvorstellung anzuführen, weil diese von verschiedenen Variablen abhängt, unter anderem von Ihrer Steuerklasse.

Die häufigsten Formulierungen sind wohl:

- Meine Gehaltsvorstellungen belaufen sich auf ein Jahresbruttogehalt von Euro 40.000.
- Ich stelle mir ein Brutto-Gehalt von Euro 2.000 pro Monat vor.
- Im Moment verdiene ich monatlich 2.500 Euro brutto.

Die letzte Variante ist allerdings nicht so günstig, weil Sie so leicht einen wenig selbstbewussten Eindruck hinterlassen. Geben Sie Ihre Gehaltsvorstellungen klar und unmissverständlich an.

Übrigens: Sogar hier können Sie eine persönlichere Note reinbringen, indem Sie zum Beispiel schreiben, dass Sie auch offen für variable/erfolgsabhängige oder nicht-monetäre Gehaltsbestandteile (Fortbildung und so weiter) sind, wenn das der Fall ist.

3

Der Schlusssatz

Es lohnt sich, auch an dieser Stelle auf Allgemeinplätze zu verzichten und einen Briefabschluss zu finden, der zum gesamten Anschreiben passt und es abrundet.

BEISPIEL

»Es reizt mich sehr, in einem jungen und aufstrebenden Unternehmen wie dem Ihren mitzuarbeiten und es tatkräftig mit aufzubauen. In meinen bisherigen Positionen war ich deshalb sehr erfolgreich, weil ich sowohl gut und gerne organisiere als auch Arbeitsabläufe immer neu durchdenke und optimiere. Sehr gerne würde ich Ihr Team mit diesen Fähigkeiten unterstützen und aktiv an der erfolgreichen Expansion mitbauen. Deshalb freue ich mich sehr, wenn Sie mich zu einem Gespräch einladen und wir uns persönlich kennen lernen.«

Mit einem guten Schluss ist gemeint, dass Sie

- den Leser direkt ansprechen und wirklich meinen,
- Ihre Motivation nochmals klar machen und betonen,
- zusammenfassen, welchen Beitrag Sie leisten können.

Don'ts

Bitte beschränken Sie sich in der Schlusspassage oder Verabschiedung nicht auf unpersönliche Phrasen oder wenig aussagekräftige Floskeln. Hier ein paar Beispiele für häufig zu lesende, aber nicht besonders gelungene Schlussformulierungen – ganz besonders dann, wenn sie alleine dastehen:

- »Ich würde mich sehr freuen, wenn Sie mich zu einem Vorstellungsgespräch einladen würden.« Diese Formulierung wird sehr oft verwendet, obwohl der Bewerber seinen Wunsch relativiert und der ganze Satz etwas veraltet klingt. Sie können ruhig direkt und offen sagen, dass Sie sich freuen, wenn man Sie einlädt (also ohne »würde«).
- »Ich freue mich auf eine Einladung zu einem Bewerbungsgespräch.« Natürlich ist prinzipiell nichts gegen diesen oder einen ähnlichen Satz zu sagen. Aber da der Empfänger davon ausgeht, dass Sie gerne zu einem Jobinterview eingeladen werden möchten, ist er nicht besonders informativ, wenn er ganz alleine dasteht. Wenn Sie ihn mit etwas »Fleisch« wie Ihrer Motivation und/oder Eignung für den Job umgeben, dann bekommt er mehr Gewicht.
- »Wenn ich Ihr Interesse geweckt habe und Sie sich vorstellen können, dass ich

TIPP

Schlusssatz

- Wie alles andere sollte auch der Schlusssatz zu Ihrer Persönlichkeit passen und diese unterstreichen. Wenn Sie ein sehr lebendiger, offener und pro-aktiver Mensch sind, können Sie den letzten Teil Ihres Anschreibens auch sehr selbstbewusst abschließen, z. B. so: »Wann darf ich mich persönlich bei Ihnen vorstellen?«

in Ihr Unternehmen passe, freue ich mich über eine Einladung zu einem Gespräch.« Auch das ist nicht sehr interessant für den Empfänger: Natürlich lädt er Sie nur dann zu einem Bewerbungsgespräch ein, wenn Sie ihm interessant erscheinen. Abgesehen davon klingt der Satz nicht besonders selbstbewusst, sondern fast schon ein bisschen unterwürfig. Besser ist es, klar zu sagen, warum Sie überzeugt sind, ein interessanter und vielversprechender Kandidat zu sein.

Grußformel und Unterschrift

Selbst bei den Grußformeln stehen Ihnen verschiedene Möglichkeiten zur Verfügung: von der üblichen Standardvariante bis hin zu persönlicheren Formulierungen. Wählen Sie einen Schluss, der in Inhalt und Stil zum gesamten Anschreiben und zu Ihrer Persönlichkeit passt – dann wirkt es rund und stimmig. Achtung: Zwischen Text und Grußformel gehört immer eine Leerzeile.

Sie können sich für die traditionellen und immer passenden Varianten »Mit freundlichen Grüßen« oder »Freundliche Grüße« entscheiden oder eine modernere und persönlichere Grußformel verwenden (vor allem dann, wenn Sie bereits Kontakt mit dem Unternehmen hatten). Zum Beispiel:

- »Viele Grüße aus dem sommerlichen München«
- »Freundliche Grüße und einen guten Start in die neue Woche«
- »Viele Grüße und ein schönes Wochenende«

Auch wenn es immer mal wieder zu sehen ist, gilt es als veraltet, den letzten Satz des Anschreibens mit der Grußformel zu verbinden: »In Erwartung Ihrer Nachricht verbleibe ich mit freundlichen Grüßen«. Absolut out ist ein »Hochachtungsvoll«.

Bitte vergessen Sie nicht, Ihr Anschreiben zu unterschreiben: per Hand und unter der Grußformel. Auch hier sollten Sie sorgfältig sein und können Ihren Sinn für Details und Ästhetik ein weiteres Mal unter Beweis stellen. Unterschreiben Sie immer mit Ihrem Vor- und Nachnamen. Als Privatperson brauchen Sie Ihren Namen nicht getippt zu wiederholen.

Der Anlagenvermerk

Mit Anlagenvermerk ist gemeint, dass man nach der Unterschrift darauf hinweist, dass und eventuell welche Anlagen beiliegen. Das ist prinzipiell auch sinnvoll, denn so erkennt der Empfänger sofort, dass Anlagen mitgeschickt wurden, und kann entsprechend reagieren, wenn sie fehlen (entweder vom Absender tatsächlich vergessen oder beim Auspacken der Post im Kuvert geblieben – alles schon passiert!).

Wenn jedoch das Layout Ihres Anschreibens darunter leidet, weil Sie »quetschen« müssen, dann lassen Sie ihn ruhig weg. Oder, wenn Sie ihn gerne anführen möchten, nehmen Sie eine zweite Seite dazu und verteilen Sie den gesamten Text gleichmäßig, sodass sich ein harmonisches Schriftbild ergibt. Wenn Sie einen Anlagenvermerk machen, dann schreiben Sie einfach linksbündig unter Ihre Unterschrift (genug Platz lassen) das Wort »Anlage« beziehungsweise »Anlagen«.

Manchmal heben Bewerber das Wort »Anlage/n« durch Fettschrift hervor, was laut DIN-Norm auch erlaubt ist. Da es sich aber um keine wichtige Information für den Empfänger handelt (im Unterschied zum Betreff), raten wir eher davon ab.

Muss man die Anlagen einzeln auflisten?

Der Sinn eines detaillierten Anlagenvermerks besteht darin, dass der Empfänger auf einen Blick erkennt, ob die Unterlagen auch vollständig sind. Was für den »einfachen« Anlagenvermerk gilt, gilt auch für den detaillierten. Da er aber keinen wirklichen »Mehrwert« für den Empfänger darstellt, ist er dementsprechend auch kein Muss.

Initiativbewerbung
als Kundenbetreuer

Thomas Bauer

St.-Martin-Straße 30 – 81669 München – Tel. (0 89) 40 90 30 60

Maier und Partner GmbH
Frau Sabine Müller
Dietersheimer Straße 27

80805 München

24. Januar 2004

Initiativbewerbung als Kundenbetreuer

Sehr geehrte Frau Müller,

bei meiner Recherche im Internet bin ich auf Ihr Unternehmen aufmerksam geworden. Sehr gerne würde ich Ihr Team als tatkräftiger und erfahrener Kundenbetreuer verstärken.

Schon während meiner Ausbildung zum Industriekaufmann kristallisierte sich heraus, dass ich einerseits sehr strukturiert arbeite und auch administrative Aufgaben sorgfältig und gerne erledige, andererseits gut kommunizieren und mit Menschen umgehen kann. Da meine Ausbilder fachlich und persönlich von mir überzeugt waren, boten sie mir die neu geschaffene Position »Assistent des Vertriebsleiters« an.

Anfangs war ich für die gesamte Korrespondenz, die interne wie externe Terminplanung und Reiseorganisation meines Vorgesetzten sowie für Planung und Durchführung der regelmäßigen Vertriebsmeetings verantwortlich. Da ich sowohl am Telefon als auch im persönlichen Gespräch schnell einen Draht zu anderen Menschen finde und gute Beziehungen aufbauen kann, wurde ich immer stärker in die Bereiche Kundenbindung und Neukundenakquise einbezogen und konnte ab März 1998 einen eigenen Kundenstamm übernehmen und selbstständig betreuen.

Meine Stärken liegen darin, dass ich sowohl die gesamte Schreibtischarbeit gerne, selbstständig und sorgfältig erledige als auch sehr gut mit Menschen umgehen, gut erklären und überzeugen kann. Diese Kombination hat ganz wesentlich zu meinem bisherigen Erfolg als Kundenbetreuer beigetragen.

Auf Ihrer Homepage habe ich den Eindruck gewonnen, dass Sie Ihre Mitarbeiter fordern und auch fördern und bei Ihnen Teamarbeit und offene Kommunikation tatsächlich gelebt werden. Da ich mich gerne in einem solchen Arbeitsumfeld engagieren würde, freue ich mich sehr, wenn Sie mich zu einem persönlichen Gespräch einladen.

Mit freundlichen Grüßen

Thomas Bauer

Bewerbung als
Assistentin der Geschäftsführung

Maria Maier

• Balanstraße 61
• 81669 München
• Tel. 0 89/40 90 50 50

Merkur GmbH
Herrn Manfred Michel
Rosenheimer Straße 123

81667 München

10. Februar 2004

Bewerbung als Assistentin der Geschäftsführung
Ihre Anzeige in der Süddeutschen Zeitung vom 7./8. Februar

Guten Tag Herr Michel,

vielen Dank für das ausführliche und informative Telefongespräch, in dem Sie mir die Aufgabenbereiche der Geschäftsführungsassistenz, die Art der Zusammenarbeit und Ihre Erwartungen geschildert haben.

Wie bereits besprochen, sind es das breite und vielseitige Aufgabenspektrum sowie die enge Zusammenarbeit mit der gesamten Managementgruppe, die mich darin bestärken, mich in Ihrem Hause zu bewerben.

Seit zwei Jahren arbeite ich bei der XY AG als Vorstandsassistentin im Bereich Vertrieb. Mein Aufgabenbereich umfasst neben den klassischen Sekretariatsaufgaben die gesamte Zeit- und Terminplanung für meinen Vorgesetzten sowie, in enger Zusammenarbeit mit meinen Kollegen, die Organisation der nationalen Vorstandsmeetings und Abteilungsbesprechungen. Als ich diese Position Anfang 2002 übernahm, hatte ich bereits jahrelange vielfältige Erfahrungen als Sekretärin und rechte Hand des Geschäftsführers gesammelt.

Meine Vielseitigkeit und meine Fähigkeit, ein sehr komplexes Aufgabengebiet aktiv und in Eigenregie zu managen, ermöglichte mir den Sprung von einem mittelständischen Unternehmen in einen internationalen Konzern. Da ich fast zehn Jahre für kleine und mittelständische Unternehmen gearbeitet habe, besitze ich umfangreiches Know-how und praktische Erfahrung in verschiedensten Bereichen, zum Beispiel:

- Aufbau und Organisation der gesamten Verwaltung
- sämtliche Büro- und Sekretariatsaufgaben
- Office Management
- Organisation von Meetings und Mitarbeitergesprächen
- Planung und Organisation von Messen

...

– 2 –

Im Laufe von internen Umstrukturierungen wurde mein Aufgabengebiet immer spezialisierter und damit enger – was viele Vorteile mit sich bringt, aber meine breit gefächerten Erfahrungen und Kompetenzen immer weniger zum Einsatz kommen lässt. Aus diesem Grunde sehe ich mich nach einer neuen Position um, in der ein Allrounder wie ich gebraucht wird.

Ich organisiere sehr gerne und gut, gehe strukturiert und geplant an die Dinge heran und gebe nie die Fäden aus der Hand, was zu meinem guten Image bei Vorgesetzten und Kollegen beigetragen hat. Meine persönlichen Stärken sind, dass ich sehr stressresistent bin und selbst in kritischen Situationen einen kühlen Kopf bewahre beziehungsweise auch andere beruhigen und positiv beeinflussen kann. Aufgrund meines echten Interesses an Menschen und meiner diplomatischen Fähigkeiten habe ich schon so manche schwierige Situation entschärft und zur positiven Zusammenarbeit beigetragen.

Aus Ihrem Stellenprofil und durch unser Gespräch habe ich den Eindruck gewonnen, dass ich sowohl von meinem fachlichen Background als auch meiner Persönlichkeit her gut zu Ihnen und Ihrem Unternehmen passen würde. Sehr gerne würde ich meine umfangreichen Erfahrungen, mein Engagement und meine Freude, gemeinsam mit anderen etwas zu bewegen, bei Ihnen einbringen.

Aufgrund meiner langen Kündigungsfrist ist mein frühestmöglicher Eintrittstermin der 1. Juli 2004. Über das Gehalt möchte ich gerne persönlich mit Ihnen sprechen.

Ich freue mich sehr, wenn Sie mich zu einem Gespräch einladen und wir uns persönlich kennen lernen.

Viele Grüße aus dem Münchner Osten

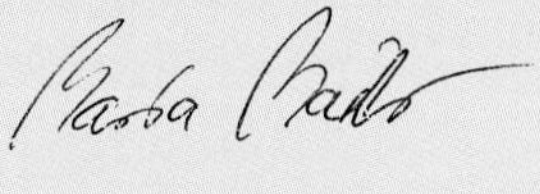

Anlagen

Da es sich beim Anlagenvermerk mehr um eine Formalie handelt, können Sie ihn flexibel handhaben: in Bewerbungen bei traditionellen Unternehmen, Organisationen und Behörden anführen und bei moderneren, jüngeren Unternehmen und Branchen weglassen. Ausnahme: Wenn Sie sich um eine Positionen bewerben, für die das Beherrschen der einschlägigen Regeln erforderlich ist.

Die häufigsten Fehler

Obwohl das Anschreiben der ideale Platz in der Bewerbungsmappe ist, um sich selbst aktiv ins richtige Licht zu rücken, mit eigenen Worten etwas über sich auszusagen und sich als Individuum darzustellen, nutzen viele Bewerber diese Chance nicht oder viel zu wenig. Die häufigsten Schwachpunkte und Fehler sind:

1 UNIFORMITÄT Da viele Bewerber nicht wissen, wie sie ein Anschreiben formulieren sollen, greifen sie gerne auf Musterbeispiele zurück oder übernehmen diese sogar mehr oder weniger wörtlich. Das Resultat ist meist eine Aneinanderreihung gängiger Floskeln und nichtssagender Standardsätze. So entstehen neutrale Anschreiben, die sich nur minimal voneinander unterscheiden und beliebig austauschbar sind. Sie verdecken die Persönlichkeit, die hinter dem Anschreiben steckt, anstatt sie »aufzudecken«.

2 UNPERSÖNLICHER, ABGEHOBENER UND GEKÜNSTELTER STIL Leider ist die Meinung, dass berufliche Korrespondenz förmlich und distanziert sein muss, damit man ernst genommen wird und als seriös gilt, weit verbreitet. Um bloß keinen schlechten Eindruck zu machen, verwenden Bewerber häufig einen Schreibstil, der weder zu ihnen passt noch angenehm zu lesen ist. Genau wie inhaltliche Floskeln trägt auch ein distanzierter, gestelzter und oft altmodisch wirkender Kanzleistil dazu bei, dass man sich überhaupt kein Bild vom Bewerber machen kann.

3 LANGWEILIG UND WENIG INFORMATIV Viele Anschreiben langweilen den Leser, weil sie neben den üblichen Floskeln praktisch nur aus einer Aneinanderreihung der einzelnen beruflichen Stationen bestehen.

4 ZU ALLGEMEIN UND NICHTSSAGEND Auch wer nur mit abstrakten Begriffen wie Eigenverantwortung, soziale Kompetenzen, Kommunikationsfähigkeit, Belastbarkeit und so weiter um sich wirft, verwässert sein Anschreiben.

5 UNGLAUBWÜRDIG/ÜBERTRIEBEN Natürlich ist das Anschreiben dazu da, um sich als vielversprechender Kandidat zu präsentieren. Damit ist aber nicht gemeint, sich selbst in den höchsten Tönen zu loben und als »Überflieger« darzustellen, dem keine Herausforderung zu groß ist und der natürlich über sämtliche fachlichen wie auch persönlichen Kompetenzen verfügt. Das wirkt nicht nur unsympathisch oder gar arrogant, sondern macht das ganze Anschreiben unglaubwürdig.

6 ZU SEHR ICH-BEZOGEN Ich, ich, ich … jeder Satz beginnt mit »Ich« und alles wird nur aus dem Blickwinkel des Bewerbers betrachtet. Natürlich ist es wichtig, von sich zu erzählen und auch eigene Ziele und Erwartungen mit einzubringen. Aber allzu ichbezogene Anschreiben können den Eindruck erwecken, dass ein Bewerber sich keine Gedanken um die Firma und deren Erwartungen macht.

7 ZU VAGE UND UNSICHER »Wenn Sie glauben, dass ich …«, »Ich könnte mir wahrscheinlich schon zutrauen …«, »Bisher habe ich mich eigentlich ganz gut in neue Gebiete eingearbeitet …« Solche Formulierungen, die sehr vage und unsicher klingen, bewirken nur, dass sich der Personalentscheider gleich fragt, ob Sie der Sache wohl gewachsen sind, denn offenbar haben Sie ja selbst Zweifel.

8 EINEN VERMEINTLICHEN MAKEL IN DEN VORDERGRUND STELLEN »Ich hoffe, Sie geben auch Menschen in meinem Alter noch eine Chance«, »Auch wenn ich mein Studium abgebrochen habe…«, »Zwar bin ich durch meine Elternzeit doch etwas lange aus dem Beruf und sicher hat sich die Arbeitswelt in der Zeit verändert…« Natürlich können Sie in einem gut ausgewogenen Anschreiben auch auf einen solchen Aspekt eingehen: Wichtig ist jedoch, dass Sie nicht mit der Tür ins Haus fallen, also gleich im Einstieg darauf eingehen, und dass Sie mit der Formulierung nicht den Anschein erwecken, Sie hätten selbst ein Riesenproblem damit.

9 SICH SELBST INS AUS LOBEN Viele Bewerber klagen darüber, dass Sie als überqualifiziert abgelehnt werden. Häufig ist das der Fall, weil sich manche Bewerber über den grünen Klee loben und bisherige Positionen aufbauschen, um besonders gut dazustehen – und deshalb tatsächlich überqualifiziert wirken. Ein Beispiel: Eine Frau Mitte 20 arbeitet bei einem Verlag. Da der Verlag sehr klein ist, ist sie für drei Fachbereiche zuständig, das Lektorat, das Marketing und die Autorenbetreuung. Nun bewirbt sie sich bei einer Behörde als Teamassistentin. Im Anschreiben stellt sie sich als Leiterin von drei Abteilungen dar, die jetzt noch mehr Herausforderung sucht. »Eigentlich« wäre die Teamassistentinnen-Stelle genau das Richtige für sie – aber auf dem Papier wirkt sie aufgrund ihrer eigenen Darstellung natürlich absolut überqualifiziert.

Ein gutes Anschreiben zeichnet sich dadurch aus, dass der Leser sich nach der Lektüre ein klares Bild von Ihnen machen kann

All das macht es für den Personalentscheider oft sehr schwierig, eine Auswahl zu treffen – und zwingt ihn manchmal dazu, tatsächlich Noten und Zeugnisse als einzige Entscheidungskriterien heranzuziehen. Bitte tun Sie sich selbst einen Gefallen und riskieren Sie nicht, durch »den Rost zu fallen«, nur weil Sie im Anschreiben zu wenig Profil zeigen, Ihr fachliches Know-how sowie Ihre persönlichen Kompetenzen nicht richtig deutlich machen oder – umgekehrt – Ihre Qualifikation zu sehr betonen.

Fragen, die uns immer wieder gestellt werden

Wo platziert man das Anschreiben in der Mappe?
Das Anschreiben sollte so platziert werden, dass der Empfänger es als Erstes sieht. In der Regel liegt es oben auf. Bei einigen Bewerbungsmappen, zum Beispiel den aufklappbaren Kartonmappen, gibt es einen festen Platz, wo Sie Ihr Anschreiben einklemmen können.

Muss man jedes Anschreiben ganz neu schreiben?
Ja, um wirklich individuell auf die jeweilige Ausschreibung und das Unternehmen eingehen zu können, ist das der beste Weg. Natürlich können Sie einzelne Bausteine (beispielsweise Ihren Werdegang) öfter verwenden. Da aber jedes Unternehmen seine Besonderheiten hat, sollten Sie diese Bausteine nur als Vorlage benutzen und auf den Einzelfall zuschneiden.

Soll man, wenn man sich bei der deutschen Niederlassung eines internationalen Unternehmens bewirbt, ein fremdsprachiges Anschreiben verfassen?
Ein fremdsprachiges Anschreiben sollten Sie nur dann verschicken, wenn das explizit so gewünscht wird oder wenn Sie wissen, dass der Empfänger eine andere Sprache spricht beziehungsweise Ihre Unterlagen weitergereicht werden. Es wirkt seltsam, wenn Sie sich an einen deutschen Empfänger wenden, sich für eine Stelle in Deutschland bewerben – aber auf Englisch schreiben. Besser ist es, eindeutige Angaben zu Ihren Sprachkenntnissen zu machen und diese gegebenenfalls später im Gespräch/bei einem Test näher unter Beweis zu stellen.

Neue oder alte Rechtschreibung?
Am wichtigsten ist zunächst, dass Ihr Anschreiben grammatikalisch in Ordnung und frei von Rechtschreibfehlern ist. Dabei können Sie entweder die alte oder die neue Rechtschreibung benutzen. Wichtig ist, dass Sie die jeweilige Form korrekt verwenden und bei einer davon bleiben!

Das Anschreiben soll maximal zehn Sätze lang sein. Stimmt das?
Nein, das stimmt nicht. Es gibt keine Regel darüber, wie viele Sätze Sie verwenden »dürfen«. Richtig ist, dass das Anschreiben kurz, knackig und aussagekräftig sein sollte und dass dafür in der Regel eine Seite ausreicht.

Vor dem Schreiben

Viele Bewerber tun sich gerade mit dem Anschreiben besonders schwer: die einen, weil sie grundsätzlich nicht so gerne schreiben, und die anderen, weil sie irgendwie blockiert sind, wenn es um die Darstellung der eigenen Person geht. In jedem Falle ist es sehr hilfreich, nicht gleich ans Formulieren zu gehen, sondern zuerst ein paar wichtige Vorarbeiten zu leisten.

Sich selbst motivieren

Auch wenn Sie es vielleicht nicht glauben wollen: Jeder kann ein gutes und authentisches Anschreiben zu Papier bringen, das Eindruck macht! Natürlich fällt es dem einen leichter und dem anderen schwerer, aber mit einer positiven Einstellung, strukturiertem und gezieltem Vorgehen sowie der nötigen Portion Energie kann sich jeder gut präsentieren. Gerade wenn Schreiben nicht eine ihrer Lieblingsbeschäftigungen ist, ziehen sich Bewerber oft selbst runter und rauben sich Energie, indem sie sich einreden, dass sie einfach nicht schreiben und formulieren können. Achten Sie auf Ihren inneren Monolog – und bauen Sie sich selbst auf, indem Sie negativen Gedanken bewusst einen positiven entgegensetzen: Sie können in eigener Sache formulieren, wenn Sie wirklich wollen!

Sie können sehr viel Druck von sich nehmen, wenn Sie die Vorstellung über Bord werfen, dass Sie ein unter jedem Aspekt perfektes Anschreiben verfassen müssen, das alle anderen in den Schatten stellt. Das ist nicht nur unrealistisch, sondern auch gar nicht notwendig. Sinnvoller, besser und hilfreicher ist folgender Gedanke: Sie können und sollen ganz »normal« schreiben und mit Ihren eigenen Worten rüberbringen, warum Sie den Job haben möchten und inwiefern Sie dafür geeignet sind. Nicht mehr und nicht weniger!

Übrigens: Eine gute Vorbereitung, bevor Sie sich ans Formulieren machen, ist keineswegs Zeitverschwendung. Zum einen wird Ihnen das Anschreiben dann leichter von der Hand gehen. Zum anderen können Sie das, was Sie im Vorfeld ausarbeiten, später sehr gut nutzen: in einem möglichen Telefoninterview oder im Vorstellungsgespräch.

Stoffsammlung in eigener Sache

Bevor Sie sich ins Schreiben stürzen, sollten Sie einige Informationen über sich selbst zusammenstellen und Klarheit über sich gewinnen. Am besten gehen Sie Ihren bisherigen Werdegang systematisch durch und befassen sich mit den einzelnen Stationen. Hier einige Fragen in Bezug auf Ihre fachlichen und persönlichen Kompetenzen, die Sie für sich beantworten können:

- Welche fachlichen Kompetenzen habe ich mir angeeignet/eingesetzt?
- Wofür war ich jeweils verantwortlich/zuständig?
- Was habe ich selbstständig und eigenverantwortlich gemacht?
- Was habe ich jeweils erreicht? Inwiefern war ich erfolgreich?
- Welche positiven Ergebnisse habe ich erzielt – alleine und gemeinsam mit anderen?
- Dank welcher persönlichen Kompetenzen war ich erfolgreich?
- Welche Fähigkeiten und Stärken habe ich bisher einsetzen können?

TIPP

- Am besten arbeiten Sie schriftlich und nicht nur im Kopf. Erstens denken Sie so intensiver nach und gehen strukturierter vor, was sich positiv auf die Ergebnisse auswirkt. Zweitens sind Ihre Überlegungen nicht flüchtig, sondern Sie halten sie auf Papier fest und können sie für andere Bewerbungen wieder verwenden, mit ihnen weiterarbeiten, etwas ergänzen und darauf aufbauen.

- Welche positiven Ergebnisse habe ich dadurch erzielt?
- Inwiefern war ich ein guter Mitarbeiter und Kollege?
- Was haben die Menschen, mit denen ich zu tun hatte, an meiner Persönlichkeit geschätzt?

Ziehen Sie ein Resümee aus Ihren Überlegungen und machen Sie sich für jede einzelne Station klar: Welches war mein Beitrag zum Erfolg? Inwiefern war ich für das jeweilige Unternehmen wichtig?

Es ist zudem hilfreich, sich darüber im Klaren zu sein: Was motiviert mich im Arbeitsleben? Was spricht mich an? Was ist mir wichtig? Denken sie dabei an einzelne Aufgaben und Tätigkeiten, an die Arbeitsatmosphäre, an die Art und Größe des Unternehmens ...

Stoffsammlung zur angestrebten Stelle

Eine wesentliche Voraussetzung, um sich gezielt bewerben zu können, ist möglichst große Klarheit darüber, welche Anforderung die Position an einen stellt und was das im Arbeitsalltag ganz konkret bedeutet. Es ist sehr hilfreich, dieses Thema aus zwei Perspektiven zu beleuchten:

- aus der allgemeinen: Welche Aufgaben umfasst diese Position? Welche Voraussetzungen braucht man?
- aus der speziellen: Welche Aufgaben und Anforderungen sind in der jeweiligen Anzeige genannt?

Natürlich können Sie gleich die Stellenanzeige durchgehen und die dort genannten Voraussetzungen und Erwartungen sowie Aufgaben auflisten. Sich damit zu beschäftigen ist sehr wichtig, um dann im Anschreiben gezielt darauf eingehen zu können. Wenn Sie sich aber noch zusätzlich eigene und grundsätzliche Gedanken über die Position machen, können Sie sich noch besser und umfassender präsentieren.

Vor allem dann, wenn die Stellenanzeige nicht sehr aufschlussreich ist, lohnt es sich, solche Überlegungen anzustellen – und sie im Anschreiben zu verwerten. Wenn Sie sich initiativ bewerben, haben Sie überhaupt keine offiziellen Anhaltspunkte dafür, welche Anforderungen das Unternehmen Ihrer Wahl tatsächlich an Sie stellt. Aber wenn Sie grundsätzlich Klarheit darüber haben, worauf es bei dem Job ankommt, können Sie sich viel besser und professioneller präsentieren. Beantworten Sie dazu folgende Fragen:

- Worauf kommt es bei dieser Tätigkeit an? Was ist das Wesentliche?
- Was muss man fachlich draufhaben, um diese Position gut ausfüllen zu können?
- Welche persönlichen Fähigkeiten und Stärken sind bei dieser Tätigkeit Voraussetzung?
- Was zeichnet einen guten/eine gute xy sonst noch aus?

Keine Sorge, das ist viel einfacher, als es auf den ersten Blick aussieht. Denn Sie wissen vieles intuitiv und aus eigener Erfahrung – ganz besonders natürlich, wenn Sie sich in Ihrem angestammten Bereich bewerben. Es gilt nur, sich dieser Informationen bewusst zu werden, um sie dann gezielt einzusetzen.

Darüber hinaus sollten Sie sich immer intensiv mit der jeweiligen Stellenanzeige beschäftigen und möglichst viel Klarheit darüber gewinnen:

- wie das Aufgabengebiet genau aussieht
- welche fachlichen Anforderungen gestellt werden
- welche persönlichen Kompetenzen erwartet werden
- welche Art von Mensch gesucht wird

Am besten markieren Sie all diese Informationen direkt in der Anzeige. So können Sie sich einen guten Überblick verschaffen und später leicht nachvollziehen, ob Sie gezielt auf alle wesentlichen Punkte eingegangen sind.

Stoffsammlung für das Anschreiben

Bevor Sie sich ans endgültige Verfassen des Anschreibens machen, können Sie einen weiteren sehr hilfreichen Arbeitsschritt einschieben: Legen Sie fest, welche Themen Sie ansprechen und welche Richtung Sie dem Ganzen geben wollen. Überlegen Sie:

- Warum möchte ich mich auf diese Stelle/bei diesem Unternehmen bewerben? Was genau spricht mich an?
- Auf welche fachlichen Anforderungen will ich eingehen?
- Welche meiner persönlichen Kompetenzen will ich kurz schildern?
- Welche Stationen meines bisherigen Werdegangs sind hier besonders wichtig und sollten dementsprechend betont werden?

Sie brauchen an dieser Stelle noch nichts auszuformulieren. Notieren Sie erst einmal nur Stichworte und arbeiten Sie später mit ihnen weiter. Das sind praktisch die Puzzlesteine, aus denen Sie Ihr Anschreiben dann gezielt und strukturiert zusammensetzen können. Details zum Anschreiben finden Sie ab → Seite 57.

Schritt für Schritt vorgehen

Auch wenn Sie bereits viel Vorarbeit geleistet haben und die »Zutaten« für Ihr Anschreiben bereit liegen, sollten Sie nicht unbedingt sofort an der Endversion feilen. Wenn man sich gleich im ersten Durchgang darauf konzentriert, hervorragend zu formulieren und bloß keine Wiederholungen reinzubringen, blockiert man sich leicht im Denk- und Schreibfluss. Seien Sie nett zu sich selbst und planen Sie von vornherein mehrere Durchgänge ein. So steigt die Wahrscheinlichkeit, dass Sie am Ende ein aussagekräftiges und stimmiges Anschreiben in Ihren Händen halten. Und Sie ersparen sich selbst Frust und Druck. So können Sie vorgehen:

- Gehen Sie von den Themen aus, die Sie im Anschreiben ansprechen wollen (Stichwortliste).
- Schreiben Sie spontan alles auf, was Ihnen einfällt – ohne gleich auszuformulieren oder zu streichen.
- Machen Sie einen ersten Korrekturdurchgang: Streichen Sie, was mehrmals vorkommt, nicht wirklich passt oder Ihnen nicht gefällt.
- Checken Sie, ob Sie auf alle wesentlichen Punkte eingegangen sind und alle Ihnen wichtigen Dinge erwähnt haben.
- Ergänzen Sie gegebenenfalls und stellen Sie einzelne Sätze oder auch Absätze um.
- Gehen Sie das Anschreiben auf mögliche Sätze ohne wirklichen Informationsgehalt durch und streichen Sie diese.
- Feilen Sie erst ganz zum Schluss an einzelnen Formulierungen.
- Machen Sie einen letzten Korrekturdurchgang und achten Sie insbesondere noch einmal auf Rechtschreib- und Grammatikfehler.

Lesen Sie sich Ihren Text mehrmals laut vor und konzentrieren Sie sich darauf. So kommen Sie möglichen Fehlern ganz schnell auf die Spur und können auch viel besser beurteilen, ob der Text flüssig geschrieben ist.

Was tun bei einer Schreibblockade?

Jeder, der schon mal etwas zu Papier bringen wollte/musste, kennt das: Manchmal geht einfach nichts voran! Zwar hilft es grundsätzlich, wenn man – wie oben geschildert – strukturiert an die Sache herangeht und sich Schritt für Schritt vorarbeitet. Aber trotzdem kann es passieren, dass man keinen klaren Gedanken fassen kann und einem absolut nichts einfällt.

Wenn Sie blockiert sind, sollten Sie sich auf keinen Fall darauf fixieren, jetzt sofort ein perfektes Anschreiben hinzulegen, das macht die Sache nur noch schlimmer. Hier ein paar Tipps, was Sie alles tun können, um lockerer zu werden:

1 **SCHALTEN SIE STÖRFAKTOREN AB** Wenn Sie sich nur bei absoluter Ruhe gut konzentrieren können, dann machen Sie die Musik aus, schließen Sie das Fenster und ziehen Sie sich zurück. Sind Sie dagegen jemand, der gern Trubel um sich hat, dann schreiben Sie Ihren ersten Entwurf doch in einem Café.

2 **ZEITDRUCK UND SELBSTVORWÜRFE** sind absolutes Gift für den Schreibprozess! Auch wenn Sie es eilig haben, sollten Sie sich nicht selbst in die Mangel nehmen. Geben Sie sich einen Ruck und sagen Sie sich, dass Sie die Bewerbung gern am nächsten Tag verschicken und deshalb jetzt am Ball bleiben möchten. Aber sagen Sie nicht sich selbst oder allen anderen Leuten ständig: »Das schaff ich nie! Wie soll ich das nur schaffen!?« So blockieren Sie sich todsicher und verschwenden Ihre knappe Zeit erst recht.

3 **ES KANN SEHR HILFREICH SEIN,** nicht direkt am PC zu formulieren. Viele Menschen geraten so unter Druck, »perfekt« sein zu müssen und alles sofort ins Reine zu schreiben. Nehmen Sie Block und Stift zur Hand, notieren, streichen, zeichnen Sie und fangen Sie erst einmal mit einem Entwurf an.

4 **ERZÄHLEN SIE SICH SELBST LAUT,** was Sie alles schreiben könnten (Sie können dabei auch im Raum umhergehen). Möglicherweise tun Sie sich leichter, wenn Sie während des Schreibens mit dem Empfänger »reden«, sich also gedanklich mit ihm unterhalten. Das hilft übrigens auch dabei, persönlicher zu formulieren.

TIPP

→ Da Schreiben ein kreativer Prozess ist, kann man mit Druck und Zwang kaum etwas erreichen. Um die Gedanken in Fluss zu bringen und die Gehirntätigkeit anzuregen, ist Bewegung ein ideales Mittel. Gönnen Sie sich eine Pause, gehen Sie eine Runde spazieren, schwimmen oder ins Fitnessstudio.

5 **BEGINNEN SIE MIT DEN DETAILS**, die bereits feststehen und Ihnen leicht fallen: dem Absender, dem Empfänger, dem Datum, dem Betreff, der Anrede, Ihrer Unterschrift … So reduzieren Sie die Angst vor dem leeren Blatt: Denn jetzt steht schon einiges da.

6 **WENN SIE SICH MITHILFE DER FRAGEN** ab → Seite 86 vorbereitet haben, können Sie sich nun den Aspekt herausgreifen, der Ihnen am einfachsten erscheint. Fangen Sie damit an: auch wenn es der Schlusssatz und nicht der Anfang ist – völlig egal!

→ FAZIT

→ Das Anschreiben ist das Herzstück Ihrer Bewerbung und soll das Interesse des Empfängers wecken, damit er sich näher mit Ihren Unterlagen beschäftigt.

→ Schneiden Sie Ihr Anschreiben auf die jeweilige Anzeige/das Unternehmen zu! Lassen Sie sich nicht dazu verleiten, einmal einen Standardtext auszuarbeiten und diesen immer wieder zu verschicken.

→ Verstecken Sie sich nicht hinter Floskeln und Pauschalaussagen – oder einem abgehobenen, distanzierten Stil!

→ Auch wenn es am einfachsten ist, sich an Musteranschreiben zu orientieren und die üblichen Sätze aneinanderzureihen: Bitte tun Sie es nicht! Denn Sie riskieren so, in der Masse der Bewerbungen einfach unterzugehen.

→ Machen Sie klar, warum Sie sich bewerben! Was reizt Sie an der Position? Warum würden Sie gerne für dieses Unternehmen arbeiten? – Letzteres ist ganz besonders dann wichtig, wenn Sie sich initiativ bewerben.

→ Machen Sie sich greifbar – fachlich und persönlich! Verweisen Sie dabei niemals einfach nur auf den Lebenslauf. Schildern Sie kurz und aussagekräftig, was Sie bisher gemacht haben und inwiefern Sie fachlich wie persönlich ein Gewinn für das Unternehmen sind.

Der Lebens-lauf

4

→ Ihr ganzes bisheriges Berufsleben auf einen Blick? – Ganz genau das soll der Lebenslauf bieten. Auf maximal zwei Seiten vermittelt er dem Personalentscheider die wichtigsten Eckdaten Ihres Werdegangs und beeinflusst somit gemeinsam mit dem Anschreiben die Entscheidung, ob Sie eine Einladung zum persönlichen Gespräch erhalten.

Der Sinn des Lebenslaufs

Auch wenn eine komplette Bewerbungsmappe »eigentlich« genügend Informationen und Belege über den Werdegang vermittelt, so hat der Lebenslauf doch eine besondere Funktion: Denn er ermöglicht dem Leser Ihrer Unterlagen, sich einen schnellen Überblick zu verschaffen. Und wenn Ihr Anschreiben und der Lebenslauf interessant genug sind, dann wird sich der Personalentscheider auch etwas intensiver mit Ihren Unterlagen befassen.

Das Wichtigste beim Lebenslauf ist, dass er lesefreundlich ist. Gleichzeitig soll er schlüssig und in positiver Weise Ihre Kenntnisse, Fähigkeiten und Erfahrungen vermitteln.

Form und Länge

Früher waren verschiedene Arten von Lebensläufen üblich: Es gab den tabellarischen Lebenslauf und einen in »Erzählform«. Außerdem wurde zwischen maschinengeschriebenen und handschriftlichen Lebensläufen unterschieden. Mittlerweile hat sich jedoch eindeutig der maschinengeschriebene tabellarische Lebenslauf durchgesetzt. Einen handgeschriebenen Lebenslauf sollten Sie Ihrer Bewerbung nur noch dann beilegen, wenn das Unternehmen dies explizit wünscht.

Da sich der Personalentscheider gerade für die erste Auswahl der Bewerbungen nicht unbedingt viel Zeit nimmt, ist es wichtig, dass die Inhalte kurz, knackig, relevant und lesefreundlich präsentiert sind. Und das Ganze auf maximal zwei A4-Seiten. Häufig wird allerdings der

Fehler gemacht, den Lebenslauf künstlich zu strecken. So mancher Bewerber denkt, es mache mehr her, wenn ein Lebenslauf vier oder fünf Seiten umfasst. Das Gegenteil ist jedoch der Fall: Das stiehlt nicht nur Zeit, sondern es kann sich auch nachteilig für einen Bewerber auswirken, da das Erfassen des Werdegangs und das Erkennen der Zusammenhänge dadurch erschwert wird. Der Bewerber nimmt sich darüber hinaus auch die Möglichkeit, Schwerpunkte zu setzen, die den Personaler »anspringen« und im Kopf bleiben.

Aufbau und Gestaltung

Grundsätzlich haben Sie in Bezug auf den Aufbau zwei Möglichkeiten: Sie führen Ihren Werdegang von der schulischen Ausbildung bis zur aktuellen Tätigkeit auf (chronologisch) oder Sie beginnen nach den persönlichen Daten mit Ihrer gegenwärtig ausgeübten Tätigkeit und gehen rückwärts (antichronologisch) vor.

Variante 1 (chronologisch):

- persönliche Daten
- Schule und Ausbildung
- bei männlichen Bewerbern: Zivil- oder Wehrdienst
- bisherige berufliche Stationen
- weitere Kenntnisse und Fähigkeiten (Sprachen, Computer ...)
- evtuell Hobbys/Interessen

Variante 2 (antichronologisch):

- persönliche Daten
- bisherige berufliche Stationen

MYTHOS

→ Es stimmt nicht, dass ein Lebenslauf nur eine Seite lang sein darf. Ganz abgesehen davon, dass das nach einigen Jahren Berufserfahrung so gut wie unmöglich ist, gilt auch beim Lebenslauf: Wenn Sie ihn gut auf eine Seite bekommen, wunderbar. Wenn nicht, nehmen Sie eine zweite Seite hinzu. Wählen Sie lieber ein lesefreundliches, übersichtliches Layout, als Ihren Lebenslauf auf Biegen und Brechen auf eine Seite zu quetschen.

- bei männlichen Bewerbern:
  Zivil- oder Wehrdienst
- Schule und Ausbildung
- weitere Kenntnisse und Fähigkeiten (Sprachen, Computer …)
- eventuell Hobbys/Interessen

In diesem Fall drehen Sie die Abschnitte »berufliche Stationen« – »Schule/Ausbildung« praktisch um – und auch innerhalb jedes Abschnitts beginnen Sie mit dem jeweils aktuellsten Zeitpunkt.

Sofern Ihr Lebenslauf verhältnismäßig kurz ist, etwa weil Sie noch nicht lange im Beruf stehen oder Ihr Berufsleben aus wenigen Stationen besteht, sind beide Varianten in Ordnung. Wenn Sie schon länger im Beruf und damit Ihre Angaben im Lebenslauf umfassender sind, dann ist die zweite Variante sinnvoll: Denn den Personalentscheider interessiert vorrangig Ihre aktuelle Erfahrung. Besonders sinnvoll ist das übrigens für Bewerber, deren beruflicher Weg anders begann.

Was die Gestaltung angeht, haben Sie ziemlich freie Hand. Dennoch sollte auch hier immer die Lesefreundlichkeit im Vordergrund stehen. Bitte achten Sie auf:

- klare Unterteilung mit sinnvollen Zwischenüberschriften
- tabellarischen Aufbau
- gut lesbare Schrift und Schriftgröße (tabu sind Schnörkel- oder Schreibschriften – außer als Akzent)
- ausreichend Rand (besonders links, damit Informationen nicht im Falz der Mappe verschwinden)
- maximal zwei A4-Seiten Länge

Auch beim Lebenslauf macht es sich gut, etwas festeres Papier zu benutzen. Nehmen Sie doch statt des üblichen 80g-Papiers ein 90- oder 100g-Papier. Man merkt den Unterschied beim Blättern und außerdem scheint die Folgeseite nicht durch.

Was kommt rein?

Da der Lebenslauf dem Personalentscheider die wichtigsten Eckdaten zu Ihrer Person und zu Ihrem bisherigen beruflichen Werdegang vermitteln soll, enthält er:

- persönliche Daten
- Schule und Ausbildung
- bei männlichen Bewerbern: Wehr- beziehungsweise Zivildienst
- bisherige berufliche Stationen
- Praktika/Nebenjobs
- weitere Kenntnisse und Fähigkeiten (Sprachen, Computer …)
- eventuell Hobbys/Interessen

Persönliche Daten

Ganz oben auf Ihrem Lebenslauf geben Sie grundlegende Informationen zu Ihrer Person und Ihren Kontaktdaten. Dazu gehören:

- Vorname, Name
- komplette Anschrift
- Kontaktmöglichkeiten
- Geburtsdatum/-ort
- Staatsangehörigkeit
- Familienstand
- Kinder

Wenn Sie Ihr Foto auf dem Lebenslauf anbringen möchten, dann tun Sie das rechts oben, neben Ihren persönlichen Daten. Achten Sie dabei bitte auch auf das Layout: Das Bild muss genug Raum haben.

Vorname Name

Beim Namen ist wichtig, dass im Falle von Namensänderungen entsprechende Hinweise gemacht werden. Beispielsweise, wenn Sie durch familiäre Veränderungen (Adoption, Heirat …) den Namen gewechselt haben. So beugen Sie Verwirrungen vor, falls Sie Zertifikate und/oder Zeugnisse haben, die auf einen anderen Namen ausgestellt sind.

Komplette Anschrift

Auch wenn Sie ein Deckblatt haben beziehungsweise Ihre Adresse aus Ihrem Anschreiben hervorgeht: Geben Sie immer auf dem Lebenslauf oben Ihre kompletten Kontaktdaten an. So machen Sie es dem Personalentscheider leicht, Kontakt mit Ihnen aufzunehmen. Und auch wenn Ihr Lebenslauf getrennt von der Bewerbung weitergegeben oder für später kopiert werden sollte, hat man so nach wie vor alle Kontaktmöglichkeiten. Wenn Sie sich innerhalb Ihres Landes bewerben, brauchen Sie natürlich kein Länderkennzeichen vor den Ort zu setzen.

Kontaktmöglichkeiten

Auf jeden Fall muss Ihre Telefonnummer angegeben sein – vorzugsweise Ihr Festnetzanschluss. Wenn Sie darüber hinaus weitere Kontaktmöglichkeiten angeben möchten, bietet sich außerdem Ihre Mobiltelefon-Nummer, Ihre Fax-Nummer und Ihre E-Mail-Adresse an. Das sollten Sie jedoch nur tun, wenn Sie diese auch täglich checken.

TABU

→ Auch wenn Sie tagsüber bei Ihrer aktuellen Arbeitsstelle am besten erreichbar sind, sollte es absolut tabu sein, dass Sie Telefon oder E-Mail Ihrer jetzigen Firma angeben. Es macht bei einem potenziellen neuen Arbeitgeber einen extrem schlechten Eindruck, wenn Sie während der Arbeitszeit – also auf Kosten Ihrer aktuellen Firma – nach einer neuen Stelle suchen.

Im Zweifelsfall geben Sie besser nur Ihren Festnetz-Anschluss an, an den optimalerweise ein Anrufbeantworter angeschlossen ist. Keine Angst: Ein Personalverantwortlicher, der von Ihrer Bewerbung angetan ist, hinterlässt gerne eine Nachricht beziehungsweise probiert es erneut. Besprechen Sie Ihren Anrufbeantworter aber bitte unbedingt auf verständliche und seriöse Weise. Wir können aus eigener Erfahrung von zahlreichen Ansagen berichten, in denen der Name nicht genannt wurde, die mit plärrender Musik nervten oder sogar den Anrufer duzten beziehungsweise mit pseudowitzigen Statements konfrontierten. In solchen Fällen ist weniger die Ansage an sich Stein des Anstoßes als vielmehr die Tatsache, dass es der Bewerber nicht einmal während der Phase seiner Stellensuche für nötig hält, seine Ansage zu ändern.

Geburtsdatum/-ort

Sollten Sie im Ausland geboren worden sein, ist es sinnvoll, das entsprechende Land mit anzugeben.

Staatsangehörigkeit

In der Regel brauchen Sie Ihre Staatsangehörigkeit nicht extra anzuführen, wenn Sie sich innerhalb Ihres Landes bewerben. Wenn Sie beispielsweise die deutsche Staatsbürgerschaft haben, geben Sie diese nur in Bewerbungen außerhalb Deutschlands an.

Wenn Sie eine andere Staatsangehörigkeit haben, ist es wichtig, diese zu nennen. In diesem Fall ist es außerdem gut, einen Hinweis auf Ihre Aufenthalts- beziehungsweise Arbeitserlaubnis zu geben. Bitte kümmern Sie sich rechtzeitig um die eventuell erforderliche Aufenthalts- und Arbeitserlaubnis!

Familienstand/Kinder

In der Regel geben Sie im Lebenslauf auch Ihren Familienstand an. Auch ob Sie Kinder haben und in welchem Alter, ist durchaus relevant.

Denn natürlich ist Ihr potenzieller künftiger Arbeitgeber daran interessiert, ob Sie Kinder haben und wie – wenn diese noch kleiner sind – Sie die Betreuung geregelt haben. Sind Ihre Kinder bereits größer oder schon erwachsen, ist es meist sogar ein Plus für Ihre Bewerbung.

TIPP

→ Fragen Sie sich schon vor einer Bewerbung einmal selbst, wie sich Ihr Familienleben auf Ihre Bedürfnisse und Ihre Arbeit auswirkt. Dies gilt allerdings keineswegs nur für berufstätige Mütter, sondern natürlich auch für Väter.

Beruflicher Werdegang

Bei Ihren bisherigen beruflichen Stationen ist wichtig, dass Sie

- die Dauer konkret angeben,
- die Position beim Namen nennen und
- den Namen und Ort der Firma sowie die konkrete Firmenbezeichnung nennen.

Außerdem ist es wichtig, im Lebenslauf klar zu sagen, wenn Sie

- selbstständig/freiberuflich tätig oder
- nur befristet angestellt waren.

Viele werden jetzt sagen: »Wieso? Das geht doch aus den Anlagen hervor, wie lange ich wo war – und ob ich fest angestellt oder befristet tätig war.« Denken Sie jedoch immer daran: Es ist erstens in Ihrem Interesse, Ihren Lebenslauf so inhaltsreich wie möglich zu gestalten. Und zweitens wird ein Personalentscheider sich nur dann intensiver mit Ihrer Bewerbung – und daher mit Ihren Anlagen – beschäftigen, wenn Anschreiben und Lebenslauf vielversprechend klingen. Abgesehen davon sollte es nicht Aufgabe des Empfängers sein, sich wichtige Angaben zusammenzusuchen.

Dauer

Geben Sie am besten immer Monat und Jahr an, sonst weiß man nicht, wie lange Sie tatsächlich in einer Position tätig waren. Lautet Ihre Angabe beispielsweise nur

2000–2001 Rechtsanwaltsgehilfin,
Kanzlei Möller & Kollegen, München

könnten Sie von Dezember 2000 bis Januar 2001, also lediglich zwei Monate dort tätig gewesen sein, oder aber von Januar 2000 bis Dezember 2001, also zwei volle Jahre! Darum ist es wichtig, den Monat mit anzugeben.

Oft wird mit den Zeitangaben etwas »gespielt«, um etwaige Lücken zu verbergen. Bitte nicht! Mehr zum Thema »Lücken im Lebenslauf« finden Sie ab → Seite 109.

Position und Firma

Das Unternehmen ist natürlich daran interessiert, wie Ihre bisherige Berufserfahrung konkret aussieht. Deshalb ist es wichtig, dass Sie klar benennen, als was Sie jeweils tätig waren. Verwenden Sie dabei die Berufsbezeichnungen, die in Ihrem Zeugnis erwähnt sind. Hat man dort keine konkrete Position genannt, können Sie in Ihrem Arbeitsvertrag nachsehen, wie Ihre Stelle tituliert war.

Erfinden Sie nicht irgendwelche »besser klingenden« Positionsbezeichnungen! Der Leser Ihres Lebenslaufs soll sich sowohl über die Position als auch das Fachgebiet klare Vorstellungen machen können. Dies erreichen Sie neben der konkreten Positionsangabe auch, indem Sie die Abteilung und den Unternehmensbereich näher spezifizieren. Das ist besonders wichtig, wenn eine Firma in verschiedenen Geschäftsbereichen tätig oder das Unternehmen relativ unbekannt ist.

Beispiele:

Elektro-Ingenieurin, Entwicklungsabteilung,
ABC Hörgeräte GmbH, Garmisch-Partenkirchen

Key Account Manager,
Siemens Hausgeräte, München

Auszubildender zum Bürokaufmann,
Meier & Huber Malerbetrieb, Gießen

Wenn Sie bei demselben Unternehmen in unterschiedlichen Positionen tätig waren, ist es wichtig, dass Sie das durch das Layout im Lebenslauf deutlich machen. In so einem Fall geben Sie bitte die Gesamtzeit in der linken »Zeit-Spalte« an und gehen in der rechten Spalte auf die Einzelpositionen ein.

April 1995 – dato	Hopper & Söhne Werbeagentur GmbH, Hamburg
	von Dezember 2002 bis dato Kontakter
	von April 2000 bis November 2002 Kontakt-Assistenz
	von April 1995 bis März 2000 Recherche/Abteilung Marktforschung

Art der Anstellung

Wenn Sie von vornherein befristet angestellt waren, schreiben Sie das bitte in den Lebenslauf. Dann braucht sich niemand zu wundern, warum Sie nach fünf Monaten »schon wieder« gegangen sind. Das sieht dann beispielsweise so aus:

10/2002–03/2003	befristete Stelle als Postzustellerin, Deutsche Post AG, Köln

Bleiben Sie dabei immer ehrlich! Es ist kein Drama, wenn Sie bei einer oder mehreren Stellen tatsächlich nur kurz beschäftigt waren – wichtig ist, dass Sie es nachvollziehbar vermitteln. (Mehr ab → Seite 116).

Natürlich ist es auch relevant, wenn Sie einige Zeit selbstständig tätig waren (über diese Zeit haben Sie beispielsweise in der Regel keine Zeugnisse). Stellen Sie sich auch darauf ein, dass die Selbstständigkeit ein Thema im Vorstellungsgespräch sein wird. Sofern Sie sich aus der Selbstständigkeit heraus wieder anstellen lassen möchten, ist die legitime Frage: Wieso? Eine Firma macht sich natürlich auch Gedanken: Wie wird sich jemand, der mehrere Jahre sein eigener Chef war, ins Team einfügen? Wird sich die Person (noch) etwas sagen lassen? Hat sie nicht etwa höhere Ansprüche, was Freiheiten und Gehalt angeht? Nehmen Sie deshalb Fragen, die auf der Hand liegen, vorweg und beantworten Sie diese, wenn es passt, bereits im Anschreiben.

Wehr-/Zivildienst

Bei männlichen Bewerbern steht im Lebenslauf auch der Wehr- beziehungsweise Zivildienst.

xx/xx – xx/xx	Bundeswehr 3. Kompanie Nachschubbataillon 10, Sigmaringen
	oder
xx/xx – xx/xx	Zivildienst, Studentenwerk, München

Schule und Ausbildung

Beim Schulabschluss reicht es, wenn Sie den höchsten Abschluss angeben (Hauptschulabschluss, mittlere Reife, Abitur) – Sie brauchen keine Angaben mehr zur Grundschule zu machen.

1985	Mittlere Reife, St.-Irmengard-Realschule, Garmisch-Partenkirchen

Wenn Sie nach dem Schulabschluss weiterführende Abschlüsse gemacht haben, etwa die Fachoberschule oder die Fachhochschulreife nachgeholt, werden diese separat erwähnt. Und natürlich, soweit vorhanden, ein Universitätsabschluss:

2000	Abschluss als Dipl.-Sozialpädagogin (FH) FH München

Weitere Punkte können sein:

- Diplomarbeit: Sofern sie für die Stelle, für die Sie sich bewerben, von besonderem Wert ist, ist es auf jeden Fall vorteilhaft, diese auch im Lebenslauf zu erwähnen.
- Abschlussnoten: Abschlussnoten sollten Sie nur dann extra nennen, wenn sie wirklich sehr gut sind und deshalb zu Recht ins Rampenlicht gehören. Ansonsten gehen diese aus der Anlage hervor.
- Stipendien und Ähnliches: Sofern Sie als einer unter vielen Bewerbern

TIPP

- Erwähnen Sie, falls angebracht, wenn Sie während Ihrer Schulzeit ein Auslandsjahr gemacht haben, etwa als Austauschschüler in den USA waren – denn das ist eine wichtige Information über Ihre Person und lässt auch auf entsprechende Sprachkenntnisse schließen.

für etwas ausgewählt wurden oder Ihnen eine besondere Auszeichnung zuteil geworden ist, ist das natürlich erwähnenswert.

Praktika

Besonders für Bewerber, die frisch von der Schule/Uni kommen beziehungsweise noch nicht so viele Berufsjahre auf dem Buckel haben, ist die Angabe von Praktika sehr hilfreich. Jedes Unternehmen wünscht sich natürlich, dass ein neuer Mitarbeiter sich zügig einarbeitet – und idealerweise schon praktische Berufserfahrung gesammelt hat.

Erwähnen Sie also Praktika auf jeden Fall. Wichtig ist, dass Sie dabei konkret werden: Wo genau waren Sie eingesetzt? Haben Sie nur allgemein mitgearbeitet oder waren Sie eventuell sogar für einen bestimmten Bereich oder ein Projekt selbst zuständig? Sagen Sie klar, was Sache ist.

xx/xx Praktikum/Webdesign,
Werner & Meier Webagentur, Heidelberg

oder:

xx/xx Praktikum in der Marketingabteilung bei BMW,
Mitarbeit im Projekt für die BMW 5er-Limousine,
München

Nebenjobs

Auch Nebenjobs können für den Lebenslauf relevant sein. Zum einen, weil es – ähnlich wie wir eben bei den Praktika schon gehört haben – Ihre Praxiserfahrung unterstreicht; zum anderen, weil Sie durch Nebenjobs, etwa um Ihr Studium zu finanzieren, auch bestimmte Qualitäten beweisen. So sind Erfahrungen in der Gastronomie oder im Einzelhandel wichtig für den Umgang mit Menschen, für Selbstorganisation und für die Arbeit im Team.

Natürlich heißt das nicht, dass jeder, der in einem bestimmten Bereich tätig war, auch automatisch alle guten Eigenschaften und Kenntnisse erworben hat. Doch es kann Ihre Bewerbung um einiges interessanter machen und gibt wichtige Anhaltspunkte für ein späteres Gespräch.

Weitere Kenntnisse und Fähigkeiten

Hierunter fallen Informationen zu

- Sprachen,
- Computerkenntnissen,
- Schreibfertigkeit (10-Finger-System),
- soweit relevant für die Stelle: Angaben zum Führerschein,
- alle weiterführenden Angaben zu erwähnenswerten Kenntnissen und Fähigkeiten, die für Sie sprechen.

Lassen Sie uns etwas näher auf Sprachen und PC-Kenntnisse eingehen, weil diese an dieser Stelle am häufigsten vorkommen.

Sprachen

Bitte nennen Sie stets nur Sprachen, die Sie tatsächlich auch aktiv beherrschen, und beschreiben Sie möglichst genau, wie der Grad Ihrer Sprachkenntnisse aussieht.

Natürlich gibt es keinen allgemeinen Maßstab dafür, wie gut jemand eine Sprache spricht. Menschen schätzen sich unterschiedlich ein: Manche Bewerber spielen ihre Sprachkennt-

TIPP

- Wenn in Stellenausschreibungen Sprachkenntnisse gefordert werden, lassen Sie sich nicht so schnell abschrecken: Auch in Unternehmen formuliert man leider oft nicht differenziert genug – und so lässt sich mancher Bewerber ins Bockshorn jagen, weil er angeblich eine geforderte Eigenschaft nicht hat. Fragen Sie im Zweifelsfall einfach bei dem Unternehmen nach!

nisse extrem herunter, obwohl sie fließend sprechen und über einen großen Wortschatz verfügen. Sie selbst sehen das jedoch so kritisch, dass sie sich als nicht so gut darstellen. Andere Bewerber wiederum denken, sie seien eigentlich ganz gut, obwohl sie nur mühsam Sätze auf Schul-Level konstruieren.

Besser als die Einteilung sehr gut, gut … ist es, die Sprachkenntnisse etwas näher zu beschreiben. Sprechen Sie eine Sprache tatsächlich verhandlungssicher (also wirklich top?): Wunderbar, dann ist das das richtige Wort für Sie. Falls Sie eine Sprache zwar fließend sprechen, es aber mit dem Schreiben hapert, dann sagen Sie das klar:

Französisch gesprochen: fließend – schriftlich: Grundkenntnisse

Sind Sie Muttersprachler oder zweisprachig aufgewachsen? Geben Sie auch das an – selbst wenn es »eigentlich« aus anderen Angaben wie Ihrem Geburtsort hervorgeht.

Computerkenntnisse

Gerade in Bürojobs sind PC-Kenntnisse heute fast unabdingbar. Deshalb ist es wichtig, auch hier konkret zu werden. Sie haben Computerkenntnisse? Gut. In welchen Programmen? Und wie profund sind Ihre Kenntnisse darin?

Wichtig ist, dass Sie Ihre Kenntnisse realistisch einschätzen: Wenn Ihre Arbeit mit einem bestimmten Programm nur darin bestand, ein bestimmtes Feld in einem vorgefertigten Fenster auszufüllen, dann wäre es dumm, zu behaupten, die Funktionen dieser Software zu beherrschen.

Bitte verzichten Sie darauf, alle möglichen Programme aufzuzählen, mit denen Sie nur mal kurz gearbeitet haben, die Sie aber nicht wirklich beherrschen. Es geht auch hier nicht um Masse, sondern um ein tatsächliches Bild Ihrer Kenntnisse in einem bestimmten Bereich. Geben Sie aber auf jeden Fall auch Programme an, von denen Sie nicht wissen, ob sie relevant sind. Auch die Information, dass man das 10-Finger-Schreibsystem beherrscht, ist interessant.

Computer	MS Word	– sehr gute Anwenderkenntnisse
	MS Excel	– sehr gute Anwenderkenntnisse
	MS Access	– Grundkenntnisse

Hobbys und Interessen

Muss man seine Hobbys angeben? Nein, müssen tun Sie auch hier nicht. Aber wir empfehlen es: Denn zum einen dienen auch Ihre Interessen und Ihre Freizeit dazu, sich als Person greifbar zu machen. Zum anderen ist das Gespräch über Hobbys oft ein sehr hilfreiches Thema im Vorstellungsgespräch, das dazu beiträgt, dass es persönlicher wird.

Oft ist zu hören, dass sich Hobbys negativ auswirken können: Man soll keine gefährlichen Sportarten nennen oder regelmäßiges Engagement in einem Verein verschweigen, weil ein Arbeitgeber sonst zurückschreckt. Tatsächlich ist es in vielen Fällen aber erst einmal positiv, Interessen und Hobbys ins Spiel zu bringen. Ihr Gegenüber ist vielleicht neugierig oder Sie haben sogar Gemeinsamkeiten! Außerdem ist es besser, die Sache gleich vorab zu klären, falls ein Personalentscheider mit einem bestimmten Hobby ein Problem hat.

TABU

Hobbys erfinden

→ Sie schütteln den Kopf? Gut! – Leider ist es gar nicht so abwegig, dass Bewerber Hobbys in den Lebenslauf schreiben, von denen sie glauben oder gehört haben, dass sie gut ankommen. Vergessen Sie bitte Ratschläge à la »Teamsportarten wirken sich positiv aus, weil sie Kooperationsfähigkeit und sportlichen Ehrgeiz verlangen«.

Lebenslauf

Lebenslauf

Christine Meierhuber
Musterstraße 12
80805 München
Tel. (0 89) 36 10 78 47
E-Mail: christine.meierhuber@domain.de

geboren am: 8. August 1969
in: Garmisch-Partenkirchen

beruflicher Werdegang

seit 04/92 – dato	**Sales Managerin (Vertriebsleitung),** Meier & Zwirbel Medienagentur GmbH, München – Personalverantwortung für 25 Mitarbeiter –
02/88 – 03/92	**Kontakterin,** Creativitiy Works Werbeagentur GmbH, München

Schule & Ausbildung

02/86 – 02/88	**Ausbildung zur Rechtsanwaltsgehilfin** bei Rechtsanwalt Hans Müller, Garmisch-Partenkirchen erfolgreich abgeschlossen vor der Rechtsanwaltskammer München im Februar 1988 ausbildungsbegleitend: Berufsschule Starnberg
1985	Mittlere Reife, St. Irmengard Realschule, Garmisch-Partenkirchen

weitere Kenntnisse und Fähigkeiten

Computer:	MS Office, Internet
Schreibfertigkeit:	schnelles und sicheres 10-Finger-System
Sprachen:	sehr gutes Englisch in Wort und Schrift
Hobbys:	Computer, englische Filme, Musik, lesen

München, August 2003

Christine Meierhuber

Datum und Unterschrift

Der Lebenslauf wird üblicherweise mit dem aktuellen Datum versehen und handschriftlich unterschrieben.

Der Computer macht's möglich: Sie können einen Lebenslauf jederzeit neu ausdrucken. Bitte nutzen Sie diese Gelegenheit auch. Leider kommt es immer wieder vor, dass Bewerber auf Vorrat Unterlagen herstellen oder ältere Mappen, die sie zurückerhalten haben, unbesehen neu verschicken. Es macht einfach keinen guten Eindruck, wenn das Datum auf dem Lebenslauf einige Monate alt ist.

Aber keine Panik! Nur weil ein Lebenslauf kein Datum und keine Unterschrift hat, bekommt man keine Absage. Wenn Sie das also nicht machen möchten oder wenn alles layoutmäßig gerade so schön passt – bis auf Ihre Unterschrift –, dann lassen Sie sie einfach weg.

Lücken und Lügen?

4

Hin und wieder kommt das Thema »Wahrheit verbiegen« in puncto Lebenslauf auf. Da fragen sich Bewerber, ob sie bestimmte Stellen einfach weglassen können, wenn diese nicht wirklich relevant oder schon länger her sind. Oder aber es gab da eine kürzere Tätigkeit, die man nicht so gern nennt. Aus einer Zeitarbeitsstelle wird einfach eine Festanstellung bei dem damaligen Kunden und so weiter.

Allgemein gilt natürlich: Bitte bleiben Sie stets bei der Wahrheit! Abgesehen davon, dass die Unwahrheit jederzeit ans Licht kommen kann, riskieren Sie Ihren Job und machen sich eventuell sogar strafbar, wenn Sie ganz heftige Lügen einbauen (beispielsweise einen Abschluss anführen, den Sie in Wirklichkeit gar nicht haben).

Gibt es Punkte in Ihrem Lebenslauf, wo Sie zögern oder Bauchschmerzen haben? Dann schauen Sie etwas näher hin:

- Worum geht es konkret?
- Warum möchte ich das nicht so gern erwähnen?
- Inwiefern könnte sich diese Information negativ auf meine Bewerbung auswirken?
- Welche Gedanken könnten dem Leser bei dieser Information in den Sinn kommen (auch neutrale und positive)?
- Wie gehe ich persönlich mit dieser Sache um?
- Was würde ich sagen, wenn ich darauf angesprochen würde?

Bei der direkten Auseinandersetzung mit den kritischen Themen verlieren diese oft ihren Schrecken und man kann dann viel besser mit ihnen umgehen.

MYTHOS

→ Es ist ein Mythos, der leider häufig in Ratgebern und in der Presse propagiert wird, dass eine Lücke im Lebenslauf einer Katastrophe gleichkommt. Der Rat, Lücken um jeden Preis zu verbergen, nimmt oft seltsame Züge an: Da wird ein Bewerber angehalten, auf jeden Fall zu behaupten, er habe sich weitergebildet bzw. »seine Sprachkenntnisse im Ausland aufgefrischt«, oder gar einen pflegebedürftigen Familienangehörigen zu erfinden! Bitte tun Sie sich einen Gefallen und fangen Sie gar nicht erst mit einer Lüge an. Abgesehen davon, dass Sie sich damit sicherlich nicht sonderlich wohl fühlen, werden Sie sich garantiert noch tiefer darin verstricken, sobald detaillierte Rückfragen kommen. Bleiben Sie am besten einfach bei der Wahrheit!

Natürlich gibt es ihn, den lückenlosen Lebenslauf – teilweise sogar mit nahtlosen Übergängen: Freitag bei der einen Stelle aufgehört, Montag bei der neuen Stelle angefangen. Weitaus verbreiteter ist jedoch der Lebenslauf mit Lücken: von bewusst gewählten Pausen zwischen zwei Stellen bis hin zu Zwangspausen wegen Arbeitslosigkeit oder Krankheit. Kaum etwas ängstigt Bewerber mehr, als dass eine Lücke im Lebenslauf ihre Chancen schmälert.

Arbeitslosigkeit

Manche Bewerber versuchen krampfhaft, ihre Arbeitslosigkeit zu verstecken, ganz egal ob diese nur wenige Wochen andauert oder mehrere Monate. Bitte keine Panik: Der Empfänger Ihrer Bewerbung weiß, dass es nicht immer möglich ist, nahtlos eine neue Stelle zu finden. Selbst in Zeiten, in denen der Arbeitsmarkt nicht angespannt ist, dauert es schon mal Wochen oder Monate, bis man eine neue Anstellung findet.

Wenn Ihre letzte Stelle noch nicht so lange zurückliegt, geben Sie sie im Lebenslauf einfach komplett an. Endete Ihre letzte Anstellung beispielsweise im Februar und es ist jetzt April, dann sieht das so aus:

10/xxxx – 2/xxxx	Bankkauffrau, Dresdner Bank AG, München

Hier ist ganz klar, dass Sie sich seit einigen Wochen auf Arbeitsuche befinden. Ist die Zeitspanne größer, ist es wichtig, auch das offen zu sagen. Denn sonst wundert sich der Personaler, was Sie derzeit machen, oder es entsteht möglicherweise der Eindruck, dass Sie Ihren Lebenslauf einfach nicht aktualisiert haben (was leider auch immer wieder vorkommt!). Endete Ihre letzte Stelle wie im obigen Beispiel im Februar und es ist jetzt aber schon September, sollte in Ihrem Lebenslauf der Klarheit halber Folgendes stehen:

seit 3/xxxx	arbeitsuchend
10/xxxx – 2/xxxx	Bankkauffrau, Dresdner Bank AG, München

Bestimmt waren Sie in dieser Zeit aber nicht untätig: Niemand bewirbt sich mehrere Monate lang acht Stunden am Tag. Ziehen Sie Bilanz, was Sie in der Zeit Ihrer Arbeitsuche alles getan haben. Notieren Sie für sich, wie Sie Ihre Tage verbracht haben beziehungsweise derzeit verbringen. Schreiben Sie alles auf:

- was zur Stellensuche gehört
- was generell mit Ihrem Beruf zu tun hat (zum Beispiel fachlich auf dem Laufenden bleiben)
- was Sie persönlich/privat mit Ihrer Zeit angefangen haben

Wenn Sie wissen (und sich bewusst machen!), was Sie in der arbeitslosen Zeit gemacht haben, können Sie

- dies im Lebenslauf oder im Anschreiben vorwegnehmen und
- in einem späteren Gespräch konkret und souverän mit der entsprechenden Frage umgehen.

Dann passiert es Ihnen nicht, dass Sie bei der Frage »Was haben Sie eigentlich die letzten Monate gemacht?« sofort in die Defensive geraten.

Krankheit

Manchmal wird man durch Unfälle oder Krankheit aus dem Berufsleben geworfen. Im Extremfall mehrere Monate oder sogar Jahre. In diesem Fall gibt es vielfältige Aspekte:

- selbst mit der Krankheit/den Unfallfolgen zurechtzukommen
- die damit verbundene starke Veränderung im Leben – nicht nur in Bezug auf den Beruf – zu verarbeiten

Die Frage, wie offensiv man bereits in der schriftlichen Bewerbung mit dem Thema Krankheit umgehen sollte, ist nicht so einfach zu beantworten. Denn hier kommt es natürlich auf die Art der Krankheit und die eventuellen Folgen an. Sind Sie zum Beispiel nach einem Unfall wieder vollständig genesen, können Sie das in Ihrem Lebenslauf ganz offen sagen. Und dann gibt es natürlich Krankheitsfolgen oder körperliche Einschränkungen (Bewerber sitzt im Rollstuhl, ist gehörlos …), bei denen es wichtig ist, den potenziellen Arbeitgeber in Kenntnis zu setzen. Er muss wissen, in welchem Rahmen die Arbeit und das Miteinander überhaupt nicht beeinträchtigt werden und wo die Krankheit oder Behinderung Grenzen setzt. Die Antworten auf diese Fragen und mögliche Lösungen kennt der Bewerber selbst am besten und sollte sie idealerweise auch vorwegnehmen!

Nun gibt es natürlich auch Krankheiten oder Unfallfolgen, die nur auf dem Papier den Eindruck erwecken, als ob sie ein Problem darstellen könnten. Und dann wird man schneller mal aussortiert als »gesunde Bewerber«, auch wenn das hart klingt. Grund dafür ist meist Unwissenheit, Spekulation oder zu wenig Informationen. Bitte haben Sie Verständnis für diese Vorbehalte!

Wenn Sie sich dafür entscheiden, in der schriftlichen Bewerbung noch nichts zu verraten, um die Chance auf ein persönliches Gespräch zu bekommen und nicht gleich aus Unwissenheit eine Absage zu erhalten, dann denken Sie bitte daran, das Thema spätestens im Gespräch anzuschneiden.

TIPP

Wichtig

→ Je souveräner Sie selbst mit einer körperlichen Einschränkung umgehen, je mehr Fragen Sie vorwegnehmen und je aktiver Sie auf Ihr Gegenüber zugehen, Vorbehalte klar ansprechen und auch dazu ermutigen, ganz offen zu sein (Hemmschwellen nehmen!), desto größer sind Ihre Chancen.

Es ist extrem schlecht, wenn Sie Informationen zu Krankheiten/körperlichen Einschränkungen so lange zurückhalten, bis Sie einen Arbeitsvertrag in der Hand halten. Dann wäre das Unternehmen zu Recht verärgert und das Arbeitsverhältnis würde nicht gut beginnen.

Bitte informieren Sie sich auch, was Ihre Krankheit/Behinderung für ein Unternehmen bedeutet:

- in puncto bestimmter Verpflichtungen (Räume, Arbeitszeit …)
- in puncto Rechte (eventuelle Zuschüsse zu Ihrem Gehalt …)

Bewusste Auszeit

In diesen Fällen gibt es absichtliche Lücken:

- Sie wollen einfach erst einmal eine Pause einlegen, nachdem Sie eine Stelle beendet haben, und ausgiebig Urlaub machen. Oder Sie wollen sich gar den Wunsch von ein, zwei Jahren im Ausland erfüllen, bevor Sie es nie mehr auf die Reihe bekommen.
- Manchmal ist die Auszeit auch eine Mischung aus Wollen und Müssen: etwa wenn man sich in der früheren Stelle zu sehr verausgabt hat, es viel Ärger gab und man einfach so richtig am Ende war. Mehr und mehr Menschen merken dann, dass sie sich erst einmal erholen müssen, um körperlich, aber auch seelisch wieder Boden unter den Füßen zu bekommen.
- Sie haben die eine Stelle gekündigt und noch keine neue gesucht, denn jetzt stehen erst einmal ein Klärungsprozess und eine eventuelle Neuorientierung an. Möchten Sie den Beruf wechseln? Möchten Sie umziehen? Möchten Sie lieber erst eine Familie gründen? …
- Die Familienzeit: Sie wollen Kinder bekommen und die ersten Jahre für die Familie da sein.

Verbergen Sie derlei Gründe nicht. Gerade bei der bewussten Auszeit können Sie auch sehr viel Pluspunkte sammeln, denn:

Fragen, die uns immer wieder gestellt werden

Hat man nicht früher auch Angaben zu den Eltern gemacht?
Üblich sind Angaben zu Namen und Beruf von Eltern und Geschwistern bei Schulabgängern, die sich für eine Lehrstelle bewerben. Als Teenager hat man außer der Schule noch nicht viel andere Angaben zu machen, von daher sind potenzielle »Lehrherren« an Informationen zu Familie/Umfeld interessiert. Als Erwachsener brauchen Sie keine Angaben mehr dazu machen. Es sei denn, Sie entscheiden sich bewusst dafür. So hat mir eine gebürtige Türkin mit deutscher Staatsangehörigkeit verraten, dass sie absichtlich Namen und Berufe ihrer Eltern (Ingenieur und Lehrerin) im Lebenslauf angibt, um Vorurteilen vorzubeugen.

Was ist mit Ehrenämtern? Soll man die angeben?
Ehrenämter können Sie – ähnlich wie bei den Hobbys und Interessen – angeben, wenn Sie dies möchten. Genau zu überlegen ist hier nur, ob diese Information in irgendeiner Form polarisiert oder negativ ausgelegt werden könnte. Ein Extrembeispiel wäre: Sie bewerben sich in der Pharmaindustrie und sind ehrenamtlich tätig bei einem Verein gegen Tierversuche. Hier läge ein voraussehbarer Konflikt vor.

Prüfen Firmen eigentlich nach, was man so behauptet? Also Abschlüsse oder bestimmte Positionen?
Nein. Im Normalfall checkt natürlich ein Unternehmen nicht jede Information ab. Das wäre nicht nur ein enormer Aufwand, sondern würde ja auch bedeuten, dass man davon ausgeht, dass Bewerber die Unwahrheit sagen. In der Regel wird eine Firma Ihnen glauben. Dennoch sollten Sie stets die Wahrheit sagen.

Kann ich eigentlich auch Farben in meinem Lebenslauf verwenden?
Können Sie natürlich. Jede Betonung sollte jedoch Ihre Inhalte unterstützen – und nicht optisch erschlagen oder davon ablenken. Wenn Sie dezent farbige Betonungen setzen möchten: jederzeit. Wenn Sie sich für farbiges Papier entscheiden, denken Sie jedoch daran, dass hier auf jeden Fall dezente Töne angesagt sind. Krachige Farben erschweren die Lesbarkeit und können sogar den Augen wehtun.

- Sie zeigen, dass Sie eine bewusste Entscheidung getroffen und »durchgezogen« haben.
- Sie stehen zu Ihren Entscheidungen und können diese auch nachvollziehbar vermitteln.
- Sie demonstrieren durch die Art der Auszeit weitere Fähigkeiten und Eigenschaften, die Ihnen als Bewerber mehr Profil geben.

Es gilt: Im Lebenslauf sollten Sie die Auszeit konkret benennen und nicht einfach eine unkommentierte Lücke lassen, die zu Spekulationen anregt. Gehen Sie gegebenenfalls bereits im Anschreiben auf einige Aspekte näher ein (kurz erklären, nicht rechtfertigen!) – und auf jeden Fall müssen Sie vorbereitet sein, denn im Gespräch werden ganz sicher entsprechende Fragen kommen.

Jobhopper-Optik?

Zunächst ist es wichtig, Folgendes klarzustellen: Wenn Sie eine Ihrer Stellen nur kurz innehatten, weil Sie sich in der Probezeit zu einem Wechsel entschieden haben, dann werden Sie deshalb nicht gleich als »Jobhopper« eingestuft. Sehr häufig haben Bewerber aber diese Befürchtung. Völlig unbegründet: Die Probezeit dient beiden Seiten dazu, sich darüber klar zu werden, ob man miteinander arbeiten möchte oder eben nicht. Also keine Panik! Allerdings ist es natürlich auch hier wichtig, dass Sie mit der – berechtigten – Frage rechnen, welches der Auslöser für Ihre Entscheidung war und wie Sie mit dieser Situation umgegangen sind, bevor Sie sich zur Kündigung entschlossen haben.

Stehen Sie dazu

→ Wichtig ist, dass Sie hinter Ihrem Werdegang und den jeweiligen Entscheidungen stehen. Sie können Ihre Vergangenheit nicht verändern. Darum nützt es nichts, damit zu hadern und sich Vorwürfe zu machen; es schadet Ihnen sogar.

Im Gegensatz dazu bedeutet Jobhopping wirklich »heute hier, morgen dort«. Vielleicht sogar noch verbunden mit einem wilden Querschnitt durch die verschiedensten Tätigkeiten und Branchen. Natürlich gibt es Branchen (Werbung, Gastronomie, Fitness…), bei denen es völlig normal ist, wenn man häufig wechselt. Es gehört mehr oder weniger dazu. Und es wird auch positiv gesehen: Die vielfältigen Erfahrungen in unterschiedlichen Tätigkeiten beziehungsweise Branchen werden als Pluspunkt verbucht. In der Regel kommt aber ein sprunghafter Lebenslauf nicht so gut an. Denn obwohl jeder gute Personaler weiß, dass es keine Garantien dafür gibt, dass ein Mitarbeiter langfristig im Unternehmen bleibt, so muss man das Schicksal ja nicht unbedingt herausfordern mit jemandem, der in der Vergangenheit immer wieder bewiesen hat, dass er ein »Wanderer« ist.

Umso wichtiger ist, dass Sie die Kontrolle über Ihre Selbstpräsentation behalten und dem Empfänger Ihrer Bewerbung klar vermitteln, was Sache ist. Fragen Sie sich also: Was hat mich (konkret) dazu bewogen, dort wegzugehen? Nur wenn Sie die ehrlichen Gründe kennen, können Sie diese auch aktiv und glaubwürdig zur Sprache bringen.

Für waschechte Jobhopper gilt:

→ Sprechen Sie Ihren »schrägen« Berufsweg direkt im Anschreiben an. Erklären Sie kurz (keine Romane und ohne Rechtfertigung), wie es dazu kam.

→ Stellen Sie die Aspekte Ihrer verschiedenen Tätigkeiten heraus, die für die Stelle, auf die Sie sich jetzt bewerben, vorteilhaft sind – und unterstreichen Sie so Ihre Qualifikation.

- Erwähnen Sie außerdem – aber nur wenn es wahr ist! –, dass Sie jetzt eine längerfristige Position anstreben und sich gerne innerhalb eines Unternehmens weiterentwickeln möchten.

Lassen Sie erst gar keinen Raum für Fragezeichen entstehen, sondern gehen Sie in die Offensive

Steckt hinter dem Jobhopping allerdings System und Sie wissen, dass Sie nach einigen Monaten weiterziehen möchten, ist es fairer, wenn Sie sich gleich um eine befristete Stelle bemühen. Denn es kostet nicht nur die Firma Zeit, Geld und Energie, sondern auch die Kollegen werden in Mitleidenschaft gezogen, wenn ein neuer und eingearbeiteter Mitarbeiter sich nach kurzer Zeit wieder verabschiedet.

Die »dritte« Seite

Die so genannte dritte Seite ist eine weitere Seite, die dem Lebenslauf angehängt werden kann: Der Bewerber spricht über sich und setzt noch einmal bestimmte Schwerpunkte. Durch so ein Profil erhält der Personalentscheider einen noch individuelleren Eindruck von dem Bewerber. Sie können die »dritte Seite« nutzen, um

- eine kurze Beschreibung zu Ihrer Person zu geben
- besondere Eigenschaften/Fähigkeiten/Kenntnisse noch einmal hervorzuheben
- etwas über Ihre beruflichen Ziele mitzuteilen
- zu betonen, was Ihnen wichtig im Beruf ist

Was Inhalt und Gestaltung angeht, sind Sie völlig frei. Beispielsweise können Sie Überschriften wählen wie »So bin ich«, »Das kann ich« –

oder auch erklären »Warum Sie mich einstellen sollten«. Wichtig ist, dass Ihr Kurzprofil

- kurz und aussagekräftig,
- Individuell formuliert und glaubwürdig ist.

Leider tun sich Bewerber damit oft schwer und verlegen sich auf das Abtippen irgendwelcher hochtrabender Muster. Auch ein Aneinanderreihen von Schlagwörtern oder toll klingender Eigenschaften bringt nichts. Ganz im Gegenteil, es kann einen ansonsten guten Eindruck sogar dämpfen.

Nicht jedem Bewerber liegt es, über sich selbst in dieser Form zu sprechen. Entscheiden Sie sich nur für eine dritte Seite, wenn Sie sich auch wohl damit fühlen und etwas Konkretes über sich zu sagen haben.

→ FAZIT

- Der Lebenslauf gibt dem Personalentscheider eine Übersicht über Ihren bisherigen Werdegang und alle wichtigen Eckdaten zu Ihrer Person.
- Ein gut strukturiertes und übersichtliches Layout erleichtert das Lesen. Beginnen Sie am besten mit der aktuellsten Tätigkeit, denn die Gegenwart und nahe Vergangenheit sind für einen Personalentscheider am interessantesten.
- Die Berufsbezeichnung sollte immer möglichst genau sein. Bei Unklarheiten am besten im Vertrag bzw. Zeugnis nachsehen.
- Wenn Ihr Lebenslauf insgesamt zwei Seiten nicht überschreitet, können Sie ein paar wenige, wichtige Gliederungspunkte zu einzelnen Tätigkeiten mit im Lebenslauf unterbringen.
- Auf der so genannten dritten Seite können Sie etwas mehr über Ihre Person und Ziele verraten, wenn Sie das möchten Das Format ist völlig frei. Wichtig ist auch hier: kurz, knackig und aussagekräftig!

Die E-Mail-Bewerbung

So sehr sich die E-Mail-Bewerbung mittlerweile etabliert hat, so muss man doch betonen, dass Firmen sehr unterschiedlich damit umgehen: Manche – besonders große Konzerne – haben ihre Bewerbungsverwaltung inzwischen schon fast komplett auf elektronische Wege umgestellt, während andere mit einer E-Mail-Bewerbung nach wie vor überhaupt nichts anfangen können. Wenn es also nicht ausdrücklich aus der Anzeige oder der Website der Firma hervorgeht, dass E-Mail-Bewerbungen möglich sind, ist es besser, sich telefonisch danach zu erkundigen.

Ihre E-Mail-Adresse
Achten Sie auf eine seriöse E-Mail-Adresse. Tabu sind private Gag-Adressen (rumpelstilzchen@firma.de) oder auch die E-Mail-Adresse beim aktuellen Arbeitgeber! E-Mail-Adressen erhalten Sie kostenfrei bei so genannten »Freemail-Anbietern« (→ Anhang).

Die Bestandteile der E-Mail-Bewerbung
Üblich ist eine Kurzbewerbung. Sie besteht aus:

- *dem Anschreiben (am besten die E-Mail selbst, nicht als Extra-Anlage)*
- *dem Lebenslauf (evtl. mit Foto)*
- *wenn relevant: einem Tätigkeitsprofil*

Das elektronische Anschreiben
Für das E-Mail-Anschreiben gilt genau das, was auch für die »Print«-Bewerbung gilt: kurz, knackig und aussagekräftig. Details zum Inhalt eines guten Anschreiben siehe ab → Seite 57.

Einige Besonderheiten bei der Bewerbung per E-Mail:

- *Das Medium Internet ist mitunter sehr informell. Lassen Sie sich dadurch aber nicht zu einem besonders lockeren Umgangston verleiten.*

- *Wählen Sie für Ihre elektronische Bewerbung eine Standardschrift (z. B. Arial, Times New Roman).*
- *Umlaute und Sonderzeichen können im E-Mail-Verkehr Schwierigkeiten machen. Wenn man ganz auf Nummer Sicher gehen möchte, kann man die Umlaute ä, ö, ü durch ae, oe, ue ersetzen und auch aus dem ß ein ss machen.*

Empfänger und Betreff

Schicken Sie Ihre Bewerbung nicht an eine allgemeine Adresse wie info@firma.de (außer dies ist explizit so angegeben). Besser ist es, auf der Internetseite nachzusehen, ob eine konkrete Ansprechperson für Bewerbungen genannt ist. Wenn Sie keine Angaben dazu finden, dann rufen Sie einfach das Unternehmen an und ermitteln Sie die zuständige Person. Absolut tabu ist es, »Sammelbewerbungen« zu schicken – also eine Bewerbung, bei der in der Empfängerzeile gleichzeitig mehrere Firmen angeschrieben werden. Gleiches gilt für einen Sammelverteiler, bei dem die Empfänger nicht einzeln sichtbar sind.

Aus der Betreffzeile Ihrer E-Mail sollte sofort und eindeutig hervorgehen, welches der Zweck Ihrer E-Mail ist. Denken Sie daran, kurz und knackig zu formulieren, da die Betreffzeile möglichst vollständig beim Empfänger angezeigt werden sollte.

Wenn die E-Mail-Adresse allgemeiner Natur ist (z. B. info@firma.de), Sie aber den Empfängernamen kennen, dann fügen Sie diesen am besten bereits im Betreff mit ein: für Peter Huber: Bewerbung Vertriebsassistenz. Damit ist die Chance größer, dass die Bewerbung auch den richtigen Empfänger erreicht.

Die E-Mail-Bewerbung – Fortsetzung

Die Signatur

Die Signatur kennen Sie sicher von Firmen-E-Mails: Es handelt sich dabei um die Kontaktdaten, die am Ende einer E-Mail noch einmal komplett angegeben sind. Auch für Ihre Bewerbung ist so eine Signatur sehr hilfreich: Sie erleichtert dem Personaler, Kontakt mit Ihnen aufzunehmen. Die Signatur setzen Sie am besten etwas vom Text ab – Sie können diese zusätzlich mit Strichen oder Sternchen optisch abheben. Geben Sie dabei sämtliche Kontaktdaten an, über die das Unternehmen Sie erreichen kann. Beispiel:

****

Gitte Härter
St.-Cajetan-Str. 10, 81669 München
Tel. (0 89) 40 90 69 61
E-Mail: gitte@selbstmarketing.de

****

Die Anlagen

Wie gesagt, enthält die E-Mail-Bewerbung in der Regel einen Lebenslauf und – so es sinnvoll ist – ein Tätigkeitsprofil (→ Seite 29). Wenn Sie weitere Anlagen beifügen möchten (Zeugnisse und Zertifikate), achten Sie bitte darauf, dass die Anlagen wirklich relevant sind und die Anzahl im Rahmen bleibt. Nach wie vor gilt jedoch: Ihre kompletten Unterlagen können Sie entweder auf einer (passwortgeschützten) Bewerberhomepage zur Verfügung stellen oder per Post nachreichen. Klassische Fehler bei E-Mail-Anlagen sind:

- → *Sie sind viel zu groß und brauchen sehr lange beim Download (Richtgröße für die gesamte E-Mail: 500 KB, unkomprimiert!).*

→ *Sie sind in einem Dateiformat, das der Empfänger nicht öffnen kann.*

→ *Checken Sie Anlagen unbedingt mit einem aktuellen Virenscanner!*

Halten Sie immer eine vollständige, aktuelle Bewerbungsmappe bereit. Es kann sein, dass ein Unternehmen Sie bittet, eine »herkömmliche« Mappe nachzureichen oder alle Unterlagen zu einem Gespräch mitzubringen.

Dateiformate

Übliche Dateiformate sind beispielsweise:

→ **.doc (Word-Dokumente)*

→ **.pdf (Portable-document-Format)*

→ **.txt (Text-Dateien)*

→ **.rtf (Rich-text-Format)*

Da man für einige dieser Formate eine spezielle Software braucht beziehungsweise es wichtig ist, dass die jeweiligen Versionen miteinander harmonieren, ist es sinnvoll, sich bei dem Unternehmen zu erkundigen, welche Dateiformate gewünscht sind. So verbauen Sie sich keine Chancen, etwa weil der Empfänger Ihre Anhänge nicht lesen kann.

Foto

*Auch bei einer E-Mail-Bewerbung können Sie selbstverständlich ein Foto beifügen – am besten integrieren Sie es in den Lebenslauf (ein gängiges Format für Fotos ist beispielsweise *.jpg). Bitte benutzen Sie auch ein Bildbearbeitungsprogramm, um Ihr eingescanntes Foto zu optimieren. Wenn Sie sich damit nicht auskennen und auch niemanden kennen, der damit vertraut ist, bitten Sie am besten einen externen Dienstleister darum, das einmalig für Sie zu erledigen.*

Internet-Adressen, die weiterhelfen

www.selbstmarketing.de
Website der Autorinnen mit umfassenden Online-Tipps rund um Bewerbung und Karriere

www.arbeitsagentur.de
Seite des Arbeitsamts mit zahlreichen Informationen rund um die Stellensuche

www.arbeitsrecht.de
Arbeitsrechtsinfos und Forum

http://berufenet.arbeitsamt.de
Umfassende Datenbank zu Tätigkeitsprofilen

www.bewerbungsmappen.de
Bewerbungsmappen und -zubehör online bestellen

www.bpv-info.de
Bundesverband Personalvermittlung e. V.

www.freenet.de
www.gmx.de
www.web.de
www.yahoo.de
Hier erhalten Sie eine kostenfreie E-Mail-Adresse
www.google.de
www.fireball.de
www.metager.de
www.yahoo.de
Suchmaschinen/-verzeichnisse

www.jobrobot.de
(link »Jobsites im Internet«)
Hier finden Sie sowohl Universal- als auch auf bestimmte Berufsgruppen und Branchen spezialisierte Stellenbörsen

www.romling.com
Praktikumsbörse

www.zeitzuleben.de
Umfassendes Online-Magazin mit zahlreichen Tipps

Bücher, die weiterhelfen

Bewerbung
Giersberg, Dagmar/Hashmi, Terik: Zehn Schritte zu einer erfolgreichen Bewerbung in den USA. TIA-Verlag

Herrenbrück, Erika/Hoefler, Angelika: Warum sollen wir gerade Sie einstellen? Das Kartentraining zum Vorstellungsgespräch. Eichborn, Frankfurt am Main

Hesse, Jürgen/Schrader, Hans Christian: Assessment Center. Eichborn, Frankfurt am Main

Jähnchen, Patrick: Vorstellungsgespräche. Gräfe und Unzer Verlag, München

Mullins, Suzanne/Schürmann, Klaus: Weltweit bewerben auf Englisch. Eichborn, Frankfurt am Main

Öttl, Christine/Härter, Gitte: Vorstellungsgespräche: Souverän ans Ziel kommen. Gräfe und Unzer Verlag, München

Öttl, Christine/Härter, Gitte: Initiativ bewerben. Gräfe und Unzer Verlag, München

Öttl, Christine/Härter, Gitte: Studienabbruch. So geht's weiter. Erfolgreich bewerben ohne Studienabschluss. mvgVerlag, Landsberg am Lech

Beruf & Familie
von Mandelsloh, Nina/Sorokin, Janette: Kind & Job, das schaffe ich. Gräfe und Unzer Verlag, München

Vollmer, Marianne: Raus aus dem Haus: Bewerbungstraining für Mütter. Walhalla Verlag, Regensburg

Beruf & Recht
Knackstedt, Udo: Arbeitsverträge. Gräfe und Unzer Verlag, München

Ossola-Haring, Dr. Claudia: Ihr Recht im Job. Gräfe und Unzer Verlag, München

Selbstmarketing/ Persönlichkeit

Öttl, Christine/Härter, Gitte: Ich-Marketing. Gräfe und Unzer Verlag, München

Reiter, Michael A.: Ihre Ausstrahlung. Haufe Verlag, Planegg

Vorbeck, Marion: Image-Training. Gräfe und Unzer Verlag, München

Karriere

Bolles, Richard Nelson: Durchstarten zum Traumjob. Das Bewerbungshandbuch für Ein-/Um- und Aufsteiger. Campus, Frankfurt am Main

Öttl, Christine/Härter, Gitte: Zweite Chance Traumjob. Mehr Erfolg durch berufliche Neuorientierung. Redline Wirtschaft, München

Kommunikation

Baum, Tanja: Die Kunst, freundlich Nein zu sagen. Redline Wirtschaft, Frankfurt am Main

Haasen, Nele: Mut zu klaren Worten. Kösel Verlag, München

Haschtmann, Lorenz: Karriere statt Konflikte. Gräfe und Unzer Verlag, München

Neumann, Eva: Ich bin da anderer Meinung… Schwierige Gespräche leicht gemacht. Herder, Freiburg

Schulz von Thun, Friedemann: Miteinander reden 1–3. Rowohlt, Reinbek bei Hamburg

Stoffel, Wolfgang: Geschickt fragen! Walhalla Verlag, Regensburg

Register

Impressum
© 2004 GRÄFE UND UNZER VERLAG GmbH, *München*

Programmleitung
Steffen Haselbach
Leitende Redaktion
Anita Zellner
Redaktion
Kathrin Buck, Nina Pohlmann
Lektorat
Andreas Kobschätzky

Titelfoto
Hans Döring, München
Umschlaggestaltung
independent Medien-Design
Innenlayout
independent Medien-Design
Claudia Fillmann
Fotos
C. Göpperl, S. 16/17 (Bewerbungsfotos)
Hans Döring, S. 16/17 (Mappen)
H. Keitel, S. 23
Ecker, S. 24

Herstellung
Bettina Häfele
Satz und Repro
Uhl + Massopust, Aalen
Druck und Bindung
Appl, Wemding

Umwelthinweis
Dieses Buch wurde auf chlorfrei gebleichtem Papier gedruckt. Um Rohstoffe zu sparen, haben wir auf Folienverpackung verzichtet.

ISBN 3-7742-6342-6
Auflage 5. 4. 3. 2. 1.
Jahr 08 07 06 05 04

Wichtige Hinweise

Die Beiträge in diesem Buch sind sorgfältig recherchiert und entsprechen dem aktuellen Stand. Abweichungen, beispielsweise durch seit Drucklegung geänderte Preise, Gebühren, Anlageentwicklungen, WWW-Adressen etc, sind nicht auszuschließen.
Weder Autor noch Verlag können für eventuelle Nachteile oder Schäden, die aus den im Buch gegebenen praktischen Hinweisen resultieren, eine Haftung übernehmen.

DAS ORIGINAL · MIT GARANTIE · GU

Das Original mit Garantie

Ihre Meinung ist uns wichtig.

Deshalb möchten wir Ihre Kritik, gerne aber auch Ihr Lob erfahren. Um als führender Ratgeberverlag für Sie noch besser zu werden. Darum: Schreiben Sie uns! Wir freuen uns auf Ihre Post und wünschen Ihnen viel Spaß mit Ihrem GU-Ratgeber.

Unsere Garantie: Sollte ein GU-Ratgeber einmal einen Fehler enthalten, schicken Sie uns das Buch mit einem kleinen Hinweis und der Quittung innerhalb von sechs Monaten nach dem Kauf zurück. Wir tauschen Ihnen den GU-Ratgeber gegen einen anderen zum gleichen oder einem ähnlichen Thema um.

GRÄFE UND UNZER VERLAG
Redaktion Leben & Lernen
Postfach 86 03 25
81630 München
Fax: 089/41981-113
E-Mail: leserservice@graefe-und-unzer.de

GRÄFE UND UNZER

Ein Unternehmen der
GANSKE VERLAGSGRUPPE